Kompetenzorientiert unterrichten in der Grundschule

Deutsch 3. und 4. Schuljahr

Susanne Mertens
Andrea Wimmer

Oldenbourg

Redaktion: Sandra Frank, Claudia Passek
Moderation: Ruth Dolenc-Petz, Meitingen
Illustration: Kristina Klotz, München
Umschlagkonzept: Mendell & Oberer, München
Umschlaggestaltung und -illustration: Visuelle Gestaltung Katrin Pfeil, Mainz
Technische Umsetzung: krauß-verlagsservice, Augsburg

www.oldenbourg-bsv.de

1. Auflage, 1. Druck 2013

Alle Drucke dieser Auflage sind inhaltlich unverändert
und können im Unterricht nebeneinander verwendet werden.

Druck: H. Heenemann, Berlin

ISBN 978-3-637-01840-2

 Inhalt gedruckt auf säurefreiem Papier aus nachhaltiger Forstwirtschaft.

Inhaltsverzeichnis

Vorwort

Kompetenzen fördern und Bildungsstandards erfüllen – das ist heute die zentrale Aufgabe von Schule und Lehrkräften. Lernaufgaben müssen folglich so gestaltet sein, dass die Kinder vielfältige Möglichkeiten haben, sich selbst Wissen anzueignen, Fertigkeiten einzuüben und Einstellungen auszubilden. Doch wie gelingt dies und welche fachspezifischen Aspekte sind dabei zu berücksichtigen?

Mit diesem Buch möchten wir Ihnen sowohl den Einstieg in das kompetenzorientierte Unterrichten erleichtern sowie weiterführende Anregungen zur Unterrichtsgestaltung geben. Dafür müssen Sie weder erfolgreiche Methoden noch bewährte Arbeitstechniken aufgeben. Vielmehr möchten wir Sie darin unterstützen, Ihre vorhandenen methodischen Fähigkeiten zu ergänzen und zu erweitern. Es geht also nicht um die Erneuerung von Lerninhalten, sondern darum, sie methodisch so aufzubereiten, dass die Kinder unterschiedliche Kompetenzen erwerben können.

Im ersten Teil bieten wir Ihnen einen knappen und leicht verständlichen Einblick in die theoretischen Grundlagen zum kompetenzorientierten Unterricht. Im Praxisteil stellen wir zu jedem Kompetenzbereich ausführliche Unterrichtsbeispiele vor, die Ihnen zeigen, wie man mithilfe guter Aufgaben die entsprechenden Kompetenzen anbahnen und erweitern kann. Dabei wurde bewusst auf eine Vernetzung der verschiedenen Kompetenzbereiche des Faches Deutsch und der methodischen und sozialen Kompetenzen geachtet.

Die Hinweise zum Unterricht enthalten Tipps zur Vorbereitung, einen ausführlichen Unterrichtsablauf sowie Infokästen zu den jeweiligen kooperativen Lernformen und geben Ihnen somit Sicherheit beim Umsetzen unserer Ideen. Die im Buch vorgestellten Kopiervorlagen finden Sie zudem als veränderbare Vorlagen auf der beiliegenden CD-ROM. So sparen Sie viel Zeit und Arbeit!

Wir wünschen Ihnen viel Erfolg und eine anregende Lektüre!

Susanne Mertens
Andrea Wimmer

Susanne Mertens und Andrea Wimmer sind Rektorinnen an Grundschulen sowie in der Lehrerfortbildung aktiv. Sie sind zudem Mitautorinnen der Lesebücher Fips & Co (2–4) aus dem Oldenbourg Schulbuchverlag und daher mit den Themen des Deutschunterrichts in der Grundschule bestens vertraut.

I Grundlagen

1 Was sind eigentlich Kompetenzen?

1.1 Allgemeiner Kompetenzbegriff

Der deutsche Psychologe Franz E. Weinert war ein maßgeblicher Wegbereiter des Kompetenzbegriffs und prägte damit wesentlich die aktuelle Bildungsreform in Deutschland. Bereits 2001 definierte er Kompetenzen als „die bei Individuen verfügbaren oder durch sie erlernbaren kognitiven Fähigkeiten und Fertigkeiten, um bestimmte Probleme zu lösen sowie die damit verbundenen motivationalen, volitionalen [die willentliche Steuerung von Handlungen und Handlungsabsichten] und sozialen Bereitschaften und Fähigkeiten, um die Problemlösungen in variablen Situationen erfolgreich und verantwortungsvoll nutzen zu können" (Weinert (Hrsg.) 2001, S. 27 f.).

Der Kompetenzbegriff ist in den vergangenen zehn Jahren viel diskutiert und weiterentwickelt worden. Im vorliegenden Buch beziehen wir uns in erster Linie auf den Kompetenzbegriff Zieners: „Kompetenzen geben Auskunft über das, was jemand kann, und zwar in dreifacher Hinsicht: im Blick auf seine Kenntnisse, seine Fähigkeiten, damit umzugehen, und seine Bereitschaft, zu den Sachen und Fertigkeiten eine eigene Beziehung einzugehen. Kompetenzorientierter Unterricht zielt auf die Ausstattung von Lernenden mit Kenntnissen, Fähigkeiten/Fertigkeiten sowie die Bewusstmachung von Einstellungen/Haltungen. Kompetent ist, wer sich darauf einlassen kann, mit Sachverstand mit Dingen umzugehen. Kompetenzen sind Fähigkeiten unter dem dreifachen Aspekt von Kenntnissen, Fertigkeiten und Einstellungen. Kompetenzen äußern sich in konkreten Handlungen." (Ziener 2010, S. 23)

In diesem Sinne ist es die Aufgabe der Lehrerin[1], Lernaufgaben so zu gestalten, dass die Kinder vielfältige Möglichkeiten haben, sich selbst Wissen anzueignen, Fertigkeiten einzuüben und Einstellungen auszubilden. Dabei gilt es, für unterschiedliche Lern- und Lösungswege der Schüler offen zu sein. Die Rolle der Lehrerin besteht zunehmend darin, die Kinder als Lernbegleiterin und Lernberaterin individuell zu unterstützen (vgl. Drieschner 2009, S. 92 f.).

Kompetenzorientiert unterrichten heißt immer auch differenziert unterrichten und die individuellen Lernvoraussetzungen und Lernfortschritte im Blick zu

---

[1] Aus Gründen der leichteren Lesbarkeit haben wir in diesem Buch die weibliche oder männliche Form gewählt. Selbstverständlich sind immer Lehrerinnen und Lehrer, Schülerinnen und Schüler, Pädagoginnen und Pädagogen gemeint.

haben. Im Bereich der Wissensaneignung liegt es somit im Ermessen der Lehrerin, aus ihrer Erfahrung heraus das Anforderungsniveau der jeweiligen Lernaufgaben zu bestimmen (vgl. Sekretariat der Ständigen Konferenz der Kultusminister der Länder in der Bundesrepublik Deutschland 2005, S. 17).

Grundsätzlich ist zu beachten, dass die Kinder sowohl gefördert als auch gefordert werden. Bei der Gestaltung der Lernaufgaben ist zu berücksichtigen, dass alle Schüler einen Lernzuwachs haben – die Schwachen genauso wie die „Experten".

1.2 Kompetenzkategorien

Die Kompetenzkategorien gliedern sich auf in Selbst-/Personalkompetenz, Sozialkompetenz, Sach-/Fachkompetenz und Methodenkompetenz. Wie die Grafik (S. 8) zeigt, sind diese zwar nicht gleichartig, aber gleichwertig. Sie bedingen sich gegenseitig und sind miteinander verbunden. Je nach Schulfach und Unterrichtssituation können unter den Kompetenzkategorien unterschiedliche Gewichtungen entstehen.

Im Zusammenspiel aller Kompetenzkategorien erwerben die Kinder durch den handelnden, problemlösenden Umgang mit Lernaufgaben Wissen und Kenntnisse. Sie eignen sich methodische Vorgehensweisen und Strategien an, die sich auf andere Lernaufgaben übertragen lassen. Die Schüler entwickeln positive Haltungen und Einstellungen, die sie befähigen, selbstbewusst an eine Problemsituation heranzugehen und sie mit den ihnen bekannten Methoden zu bewältigen, sodass sich dadurch wiederum ihr Wissen und ihre Kenntnisse erweitern. Die Entwicklung einer solchen Haltung bzw. Einstellung gelingt am besten in einer lernförderlichen Klassenatmosphäre, die geprägt ist von einer wohlwollenden Lehrer-Schüler-Beziehung und einem wertschätzenden und unterstützenden Umgang der Kinder untereinander. In diesem Zusammenhang sind die kooperativen Lernformen (siehe 2.2, S. 16) besonders geeignet, da sie einen erheblichen Beitrag dazu leisten, das Selbstkonzept und die Sozialkompetenz des Einzelnen zu stärken. Durch die anwendungsbezogene, kommunikative Arbeit im Team bzw. mit einem Lernpartner und die Reflexion der gemeinsam geleisteten Arbeit gewinnen die Kinder zunehmend Vertrauen in die eigenen Fähigkeiten. Sie werden ermutigt, Eigenverantwortung zu übernehmen und selbstständig zu handeln.

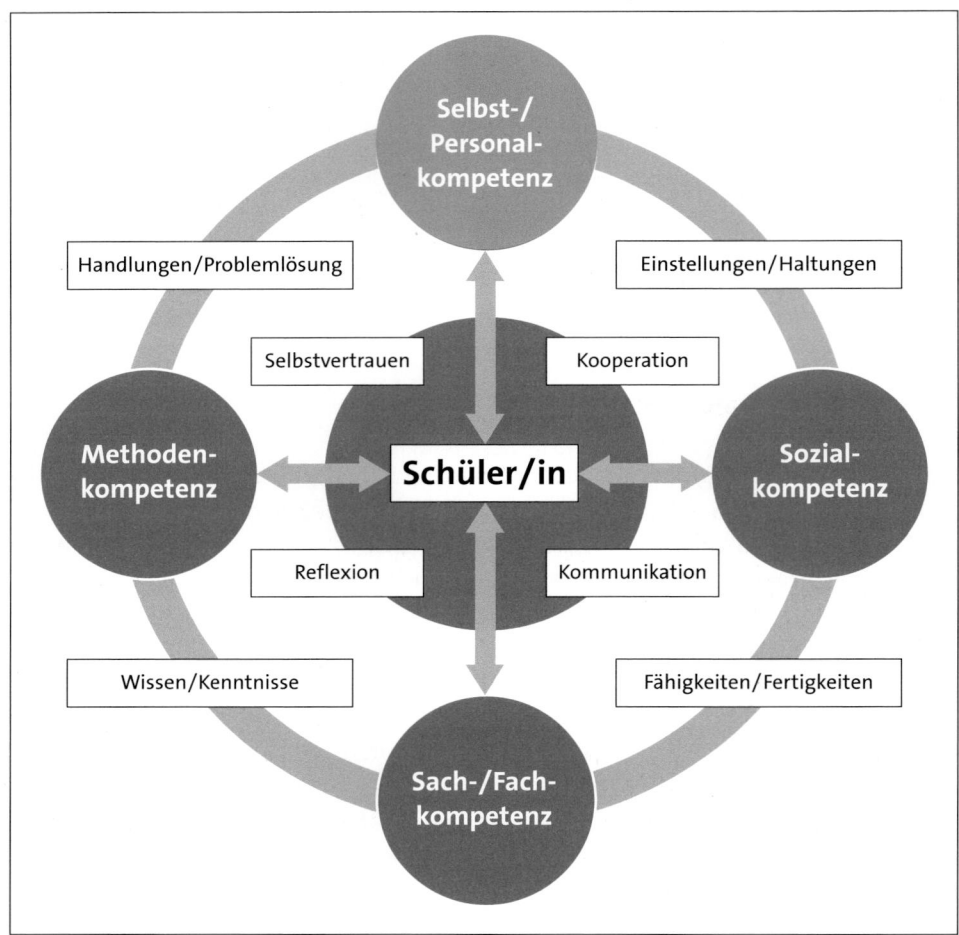

Grafik Kompetenzkategorien

1.3 Kompetenzen innerhalb der Bildungsstandards für das Fach Deutsch

In den Bildungsstandards sind im Fach Deutsch die vier Kompetenzbereiche „Sprechen und Zuhören", „Schreiben", „Lesen – mit Texten und Medien umgehen", „Sprache und Sprachgebrauch untersuchen" verbindlich vorgegeben und in Einzelpunkte untergliedert:

Sprechen und Zuhören	Schreiben	Lesen – mit Texten und Medien umgehen
• zu anderen sprechen • verstehend zuhören • Gespräche führen • szenisch spielen • über Lernen sprechen	• über Schreibfertigkeiten verfügen • richtig schreiben • Texte planen • Texte schreiben • Texte überarbeiten	• über Lesefähigkeiten verfügen • über Leseerfahrungen verfügen • Texte erschließen • Texte präsentieren

Methoden und Arbeitstechniken

Methoden und Arbeitstechniken werden jeweils im Zusammenhang mit den Inhalten jedes einzelnen Kompetenzbereichs erworben.

Sprache und Sprachgebrauch untersuchen

• grundlegende sprachliche Strukturen und Begriffe kennen
• sprachliche Verständigung untersuchen
• an Wörtern, Sätzen, Texten arbeiten
• Gemeinsamkeiten und Unterschiede von Sprachen entdecken

Quelle: Sekretariat der Ständigen Konferenz der Kultusminister der Länder in der Bundesrepublik Deutschland 2005, S. 7

Die einzelnen Kompetenzbereiche sind nicht isoliert zu sehen, sondern im Unterricht übergreifend zu behandeln. Bearbeitet man einen Schwerpunkt eines Kompetenzbereiches, wird man schnell feststellen, dass er sich in der Umsetzung mit den anderen Schwerpunkten überschneidet. Die gesonderte Bearbeitung einzelner Themen, wie beispielsweise „Wir lernen die verschiedenen Satzarten kennen" (Kompetenzbereich „Sprache und Sprachgebrauch untersuchen"), ist daher nicht sinnvoll. Vielmehr werden die Satzarten an der Stelle thematisiert, an der sie sich angemessen an einen oder mehrere Bereiche anknüpfen lassen, z. B. beim Kompetenzbereich „Schreiben", wenn die Schüler lernen, die Personen in einem Text sprechen zu lassen.

In der Mitte des Schaubildes sind die „Methoden und Arbeitstechniken" platziert, die in die einzelnen Kompetenzbereiche einzubinden sind. Es werden keine bestimmten Methoden oder Arbeitstechniken verpflichtend vorgegeben. Wir berücksichtigen innerhalb unserer Praxisbeispiele (siehe Kap. II) besonders die kooperativen Lernformen, die die selbsttätige Wissensaneignung und das nachhaltige Lernen der Schüler intensiv fördern und unterstützen.

Den Unterpunkten der vier Kompetenzbereiche sind jeweils Standards zugeordnet, die festlegen, welche Leistungen von einem Kind am Ende des 4. Schuljahres im Fach Deutsch in der Regel erwartet werden. Die derzeitigen Bildungsstandards sind Regelstandards. Das bedeutet ein mittleres Niveau von Kompetenzen, das im Fach Deutsch für Viertklässler am Ende des Schuljahres für angemessen und zumutbar erachtet wird. Natürlich wird es immer Schüler geben, die dieses mittlere Kompetenzniveau unter- oder überschreiten (vgl. Ziener 2010, S. 62).

Die folgende Grafik bietet einen raschen Überblick über die Standards:

1. Sprechen und Zuhören
Gespräche führen   • sich an Gesprächen beteiligen   • gemeinsam entwickelte Gesprächsregeln beachten: z. B. andere zu Ende sprechen lassen, auf Gesprächsbeiträge anderer eingehen, beim Thema bleiben   • Anliegen und Konflikte gemeinsam mit anderen diskutieren und klären
Zu anderen sprechen   • an der gesprochenen Standardsprache orientiert und artikuliert sprechen   • Wirkungen der Redeweise kennen und beachten   • funktionsangemessen sprechen: erzählen, informieren, argumentieren, appellieren   • Sprechbeiträge und Gespräche situationsangemessen planen
Verstehend zuhören   • Inhalte zuhörend verstehen   • gezielt nachfragen   • Verstehen und Nicht-Verstehen zum Ausdruck bringen
Szenisch spielen   • Perspektiven einnehmen   • sich in eine Rolle hineinversetzen und sie gestalten   • Situationen in verschiedenen Spielformen szenisch entfalten

Über Lernen sprechen
- Beobachtungen wiedergeben
- Sachverhalte beschreiben
- Begründungen und Erklärungen geben
- Lernergebnisse präsentieren und dabei Fachbegriffe benutzen
- über Lernerfahrungen sprechen und andere in ihren Lernprozessen unterstützen

2. Schreiben

Über Schreibfertigkeiten verfügen
- eine gut lesbare Handschrift flüssig schreiben
- Texte zweckmäßig und übersichtlich gestalten
- den PC – wenn vorhanden – zum Schreiben verwenden und für Textgestaltung nutzen

Richtig schreiben
- geübte, rechtschreibwichtige Wörter normgerecht schreiben
- Rechtschreibstrategien verwenden: Mitsprechen, Ableiten, Einprägen
- Zeichensetzung beachten: Punkt, Fragezeichen, Ausrufezeichen, Zeichen bei wörtlicher Rede
- über Fehlersensibilität und Rechtschreibgespür verfügen
- Rechtschreibhilfen verwenden: Wörterbuch nutzen, Rechtschreibhilfen des Computers kritisch nutzen
- Arbeitstechniken nutzen: methodisch sinnvoll abschreiben, Übungsformen selbstständig nutzen, Texte auf orthografische Richtigkeit überprüfen und korrigieren

Texte verfassen
Texte planen
- Schreibabsicht, Schreibsituation, Adressaten und Verwendungszusammenhang klären
- sprachliche und gestalterische Mittel und Ideen sammeln: Wörter und Wortfelder, Formulierungen und Textmodelle

Texte schreiben
- verständlich, strukturiert, adressaten- und funktionsgerecht schreiben: Erlebtes und Erfundenes; Gedanken und Gefühle; Bitten, Wünsche, Aufforderungen und Vereinbarungen; Erfahrungen und Sachverhalte
- Lernergebnisse geordnet festhalten und auch für eine Veröffentlichung verwenden
- nach Anregungen (Texte, Bilder, Musik) eigene Texte schreiben

Texte überarbeiten
- Texte an der Schreibaufgabe überprüfen
- Texte auf Verständlichkeit und Wirkung überprüfen
- Texte in Bezug auf die äußere und sprachliche Gestaltung und auf die sprachliche Richtigkeit hin optimieren
- Texte für die Veröffentlichung aufbereiten und dabei auch die Schrift gestalten

3. Lesen – mit Texten und Medien umgehen

Über Lesefähigkeiten verfügen
- altersgemäße Texte sinnverstehend lesen
- lebendige Vorstellungen beim Lesen und Hören literarischer Texte entwickeln

Über Leseerfahrungen verfügen
- verschiedene Sorten von Sach- und Gebrauchstexten kennen
- Erzähltexte, lyrische und szenische Texte kennen und unterscheiden
- Kinderliteratur kennen: Werke, Autorinnen und Autoren, Figuren, Handlungen
- Texte begründet auswählen
- sich in einer Bücherei orientieren
- Angebote in Zeitungen und Zeitschriften, in Hörfunk und Fernsehen, auf Ton- und Bildträgern sowie im Netz kennen, nutzen und begründet auswählen
- Informationen in Druck- und – wenn vorhanden – elektronischen Medien suchen
- die eigene Leseerfahrung beschreiben und einschätzen

Texte erschließen
- Verfahren zur ersten Orientierung über einen Text nutzen
- gezielt einzelne Informationen suchen
- Texte genau lesen
- bei Verständnisschwierigkeiten Verstehenshilfen anwenden: nachfragen, Wörter nachschlagen, Text zerlegen
- Texte mit eigenen Worten wiedergeben
- zentrale Aussagen eines Textes erfassen und wiedergeben
- Aussagen mit Textstellen belegen
- eigene Gedanken zu Texten entwickeln, zu Texten Stellung nehmen und mit anderen über Texte sprechen

- bei der Beschäftigung mit literarischen Texten Sensibilität und Verständnis für Gedanken und Gefühle und zwischenmenschliche Beziehungen zeigen
- Unterschiede und Gemeinsamkeiten von Texten finden
- handelnd mit Texten umgehen: z. B. illustrieren, inszenieren, umgestalten, collagieren

Texte präsentieren
- selbstgewählte Texte zum Vorlesen vorbereiten und sinngestaltend vorlesen
- Geschichten, Gedichte und Dialoge vortragen, auch auswendig
- ein Kinderbuch selbst auswählen und vorstellen
- verschiedene Medien für Präsentationen nutzen
- bei Lesungen und Aufführungen mitwirken

4. Sprache und Sprachgebrauch untersuchen

Sprachliche Verständigung untersuchen
- Beziehung zwischen Absicht – sprachlichen Merkmalen – Wirkungen untersuchen
- Unterschiede von gesprochener und geschriebener Sprache kennen
- Rollen von Sprecher/Schreiber – Hörer/Leser untersuchen und nutzen
- über Verstehens- und Verständigungsprobleme sprechen

An Wörtern, Sätzen, Texten arbeiten
- Wörter strukturieren und Möglichkeiten der Wortbildung kennen
- Wörter sammeln und ordnen
- sprachliche Operationen nutzen: umstellen, ersetzen, ergänzen, weglassen
- die Textproduktion und das Textverständnis durch die Anwendung von sprachlichen Operationen unterstützen
- mit Sprache experimentell und spielerisch umgehen

Gemeinsamkeiten und Unterschiede von Sprachen entdecken
- Deutsch – Fremdsprache, Dialekt – Standardsprache; Deutsch – Muttersprachen der Kinder mit Migrationshintergrund; Deutsch – Nachbarsprachen
- gebräuchliche Fremdwörter untersuchen

Grundlegende sprachliche Strukturen und Begriffe kennen und verwenden
- Es geht hier in erster Linie um die mit Begriffen und Strukturen gemeinten Kategorien. Die Bezeichnungen dafür können unterschiedlich sein.

Wort
- Buchstabe, Laut, Selbstlaut, Mitlaut, Umlaut, Silbe, Alphabet
- Wortfamilie, Wortstamm, Wortbaustein
- Wortfeld
- Wortart
- Nomen: Einzahl, Mehrzahl, Fall, Geschlecht
- Verb: Grundform, gebeugte Form, Zeitformen: Gegenwart, Vergangenheitsformen
- Artikel: bestimmter Artikel, unbestimmter Artikel
- Adjektiv: Grundform, Vergleichsstufen
- Pronomen
- andere Wörter (alle hier nicht kategorisierten Wörter gehören zu dieser Restkategorie)

Satz
- Satzzeichen: Punkt, Komma, Fragezeichen, Ausrufezeichen, Doppelpunkt, Redezeichen
  Satzart: Aussage-, Frage-, Ausrufesatz
  wörtliche Rede
- Subjekt
- Prädikat/Satzkern
- Ergänzungen: Satzglied; einteilige, mehrteilige Ergänzung
- Vergangenheit, Gegenwart, Zukunft (als Zeitstufen)

Quelle: Sekretariat der Ständigen Konferenz der Kultusminister der Länder in der Bundesrepublik Deutschland 2005, S. 9 ff.

2 Konsequenzen für den Unterricht

Wie die vorangegangenen Ausführungen gezeigt haben, geht es im kompetenzorientierten Unterricht nicht um die Erneuerung von Lerninhalten, sondern darum, sie methodisch so aufzubereiten, dass die Kinder unterschiedliche Kompetenzen erwerben können. Der Blickwinkel auf die Vermittlung der Unterrichtsinhalte hat sich folglich grundlegend verändert. Die Lehrerin, die kompetenzorientiert unterrichtet, betrachtet die Lerninhalte aus der Sicht der Schüler und plant Lernprozesse, die es den Kindern ermöglichen, sich eigenaktiv die angestrebten Kompetenzen anzueignen. Es geht grundsätzlich darum, die Kompetenzen der Schüler im kognitiven, sprachlichen, kommunikativen, methodischen, gestalterischen, sozialen und personalen Bereich auszubilden bzw. zu erweitern. Mit „Kompetenzorientierung" ist dabei nicht das Austeilen von Aufgabenblättern unter Berücksichtigung verschiedener Kompetenzstufen gemeint. Vielmehr geht es darum, sich hinsichtlich der Planung und Gestaltung kompetenzorientierten Unterrichts mit folgenden Fragen auseinanderzusetzen:

1) Wie kann ich entsprechend der vorgegebenen Standards Unterrichtsinhalte so aufbereiten, dass die Kinder sie sich eigenaktiv und selbstständig aneignen?
2) Welche Lernformen sind dafür gut geeignet?
3) Welche Fähigkeiten haben die Kinder nach der geleisteten Arbeit erworben bzw. welche Fähigkeiten wurden angebahnt?

Bei der eigenen Unterrichtsplanung sollte man außerdem darauf achten, bereits geübte Kompetenzen immer wieder aufzugreifen, da sie sich nicht durch eine einmalige Unterrichtssituation institutionalisieren lassen. Eine Festigung der Kompetenzen erreicht man zum einen durch verschiedene Unterrichtshalte, zum anderen unterstützt der Wiederholungseffekt die Kompetenzanbahnung und -erweiterung.

2.1 Gute Lernaufgaben

Kurz zusammengefasst zeichnen sich gute Lernaufgaben durch folgende Kriterien aus (vgl. Landesinstitut für Schule/Qualitätsagentur Nordrhein-Westfalen 2005, S. 12 ff.):

- Sie haben eine klare Zieltransparenz und stehen in einem thematischen Zusammenhang, der komplex und in der Regel bereichsübergreifend konzipiert ist.
- Sie ermöglichen das Lernen von Strategien, die bei neuen Aufgabenstellungen wieder angewandt werden können.
- Sie greifen bereits erworbene Fähigkeiten und Kenntnisse auf, integrieren sie in die neue Lernaufgabe und bewirken dadurch ein vernetztes Denken.
- Sie geben Raum für die Kommunikation der Lernpartner in kooperativen Lernsituationen, um eine zunehmende Selbststeuerung des Lernens zu erreichen.
- Sie beinhalten die Reflexion der Lernprozesse und des eigenen Lernverhaltens.

Gute Lernaufgaben eröffnen den Schülern vielfältige Lernmöglichkeiten mit natürlicher Differenzierung. Sie geben den Kindern die Gelegenheit, miteinander zu kommunizieren, sich aktiv handelnd mit den Inhalten auseinanderzusetzen und dabei kooperativ mit Lernpartnern zusammenzuarbeiten. Sie unterscheiden sich klar von den Aufgaben, die zur Leistungserhebung gedacht sind, bei denen Fehler vermieden werden müssen und die zur Einzelbewertung der Ergebnisse führen. Gute Lernaufgaben sind prozessorientiert, das heißt, Lernwege rücken in den Vordergrund. Folglich steht nicht die Lehrerin im Zentrum des Unterrichts, sondern der Schüler. Auf den Lernwegen muss es Möglichkeiten zur Zusammenarbeit und zum Austausch der Kinder untereinander geben. Fehler sind erlaubt, denn aus ihnen kann man lernen. Die Kinder können ihre Neugier und Kreativität einbringen, um zu Lösungen zu kommen. „Wenn Kinder probieren und experimentieren, wenn sie Fehler machen dürfen, wenn sie Umwege gehen und sich mit ihren Mitschülern über verschiedene Lösungswege verständigen können, wenn sie erfahren, dass der gewählte Weg nicht oder ein anderer Weg eher zum Ziel führt und auch lernen, das zu akzeptieren, dann können sie wirklich lernen. Kinder können dann von anderen Kindern lernen, sie können mit anderen Kindern lernen und sie lernen ganz individuell." (Kurhofer 2000)

Auf diesen Wegen ist das Kind selbst für seine Lernfortschritte verantwortlich. Es ist Aufgabe der Lehrerin, dafür zu sorgen, dass jedes Kind Lernfortschritte machen kann. Sie bereitet die Lernaufgaben so vor, dass die Möglichkeit zur natürlichen Differenzierung besteht. Nicht die Lehrerin teilt die Kinder in Niveaustufen (z. B. leicht, mittel, schwierig) ein, sondern die Kinder wählen selbst aus, welche Arbeit sie ausführen wollen. Kein Kind möchte sich auf Dauer unteroder überfordern, sodass man sich als Lehrerin keine Sorgen machen muss, dass die Kinder auf Aufgaben zugreifen, die zu leicht oder zu schwierig für sie sind. Wenn sie auf einem Weg nicht weiterkommen, werden sie einen anderen wählen, entsprechend ihrer momentanen Fähigkeiten. Die Aufgaben können gemeinsam mit zufällig oder bewusst gewählten Lernpartnern bearbeitet werden. Natürlich hat auch die Lehrerin als Lernbegleiterin die Möglichkeit, einem Kind einen ihr sinnvoll erscheinenden Lernweg vorzuschlagen. Das ist dann ein Lösungsweg unter vielen, den das Kind wählen wird, wenn es merkt, dass er zum Erfolg führt, den es aber nicht wählt, weil die Lehrerin das so will.

2.2 Kooperative Lernformen

Generell gilt, dass alle Lernformen geeignet sind, die den anvisierten Kompetenzerwerb in der jeweiligen Lernsituation unterstützen. Besonders empfehlenswert sind solche Lernformen, die es den Kindern ermöglichen, sich selbsttätig und kommunikativ mit den Unterrichtsinhalten auseinanderzusetzen. Die Pyramide zeigt eindrucksvoll, dass Schüler Lerninhalte am besten verarbeiten und abspeichern, wenn sie selbst aktiv sind und noch dazu anderen Kindern etwas beibringen oder erklären.

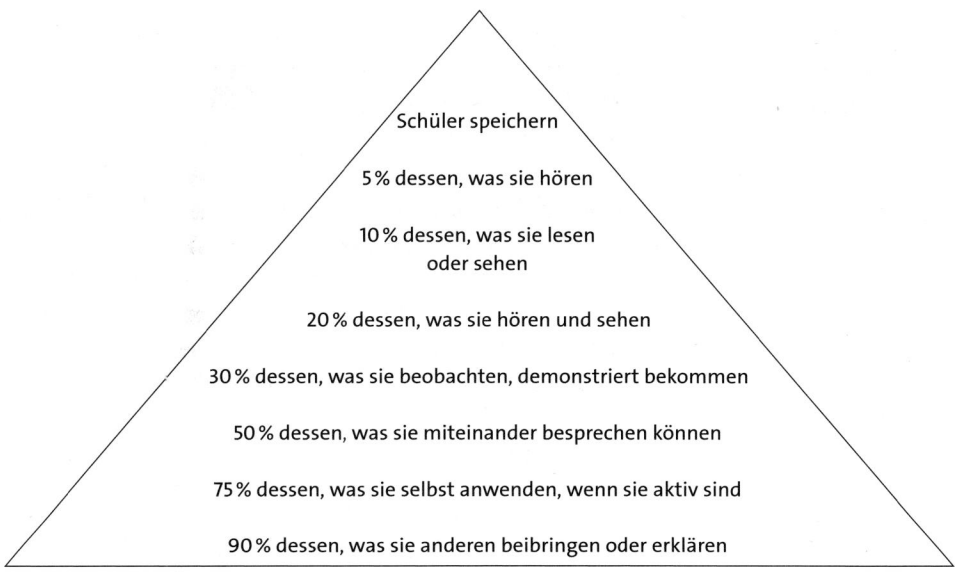

Schüler speichern

5 % dessen, was sie hören

10 % dessen, was sie lesen
oder sehen

20 % dessen, was sie hören und sehen

30 % dessen, was sie beobachten, demonstriert bekommen

50 % dessen, was sie miteinander besprechen können

75 % dessen, was sie selbst anwenden, wenn sie aktiv sind

90 % dessen, was sie anderen beibringen oder erklären

aus: Bochmann/Kirchmann 2006, S. 20

Um eine eigenaktive, kommunikative und effektive Zusammenarbeit der Schüler zu fördern, bei der sie gleichzeitig persönliche, soziale und methodische Kompetenzen ausbilden, werden in diesem Buch die Lernaufgaben bevorzugt mit kooperativen Lernformen verknüpft. Sie eignen sich besonders gut, um mit einem Partner oder in der Gruppe gemeinsam ein Thema zu bearbeiten. „Wenn es dem Lehrer gelingt, einen Unterrichtsprozess so zu gestalten, dass jeder einzelne Schüler während des Unterrichts höhere Sprechanteile besitzt und aktiver als der Lehrer selbst ist, kann er sicher sein, dass seine Schüler deutlich bessere Lernergebnisse erzielen werden. ‚Nur derjenige der aktiv ist, ist auch derjenige, der lernt.'" (Bochmann/Kirchmann 2006, S. 20)

Die kooperativen Lernformen[2] lassen sich unterteilen in Methoden zur Partner- bzw. Gruppenfindung, zur Partner- bzw. Gruppenarbeit und zur Reflexion. Die Methoden der Partner- und Gruppenfindung unterliegen überwiegend dem Zufallsprinzip. Auch wenn dadurch womöglich die schwächsten Kinder zu Lernpartnern werden, erreichen sie einen Lernzuwachs. Die Lehrerin kann sich, wenn nötig, solchen Gruppen unterstützend widmen. Schwierigkeiten in der Partner- und Gruppenarbeit basieren weniger auf geringer fachlicher Kompetenz als auf mangelnder Sozialkompetenz. Die Sozialkompetenz ist eine Schlüsselkompetenz, die gerade durch die kooperativen Lernformen weiterentwickelt werden kann. Die kooperativen Lernformen in der Partner- bzw. Gruppenarbeit dienen

---

[2] Die kooperativen Lernformen werden im Zusammenhang mit den Praxisbeispielen genauer erläutert (vgl. S. 19 ff.).

- zur Aktivierung des Vorwissen, der eigenen Erfahrungen und der persönlichen Meinungen,
- zur Erarbeitung bzw. Verarbeitung von Informationen,
- zum Üben und Wiederholen.

Im weiteren Verlauf des Buches werden folgende kooperative Lernformen aufgegriffen (vgl. Bochmann/Kirchmann 2006 und 2008):

- Methoden zur Partnerfindung: Verabredungskalender, Wortkarten, Kartenpaare, Line-up
- Methoden zur Gruppenfindung: Postkartenpuzzle, Gummibärchen, Line-up
- Methoden zur Partnerarbeit: Papageien-Gespräch, Schnittkreis, Meetingpoint, Pair-Check, Doppelkreis
- Methoden zur Gruppenarbeit: Placemat, Meetingpoint, Schreibkette, Jigsaw, Think-Pair-Square, Rollenkarten

2.3 Reflexion der geleisteten Arbeit

Der Rückblick auf die geleistete Arbeit ist ein unabdingbarer Bestandteil des kompetenzorientierten Unterrichtens. Die Lehrerin „fördert die Metakognitionen der Schüler. Das bedeutet konkret, dass sie eine Reflexions-, Gesprächs- und Feedbackkultur entfaltet, in der sich die Schüler ihrer neu erworbenen Sach-, Methoden-, Sozial- und Selbstkompetenzen bewusst werden können und die Themen und Aufgabenstellungen als persönlich sinnstiftend erleben." (Meyer 2007, S. 167)

Über die Reflexion gelingt es den Kindern, einen persönlichen Bezug zu ihrem Schaffen aufzubauen. Sie setzen sich individuell mit ihrer Lernhaltung, ihrer Arbeitseinstellung und ihrem Lernzuwachs auseinander. Die Bewertung der Partner- und Gruppenarbeit durch die beteiligten Kinder trägt dazu bei, die Fähigkeit zur Kooperation und Kommunikation weiterzuentwickeln sowie Methoden und Lernstrategien zu optimieren.

Die verschiedenen Kompetenzkategorien können auf unterschiedliche Weise reflektiert werden, z. B. im Klassengespräch, durch Lerntagebücher, Lernbegleithefte, Portfolios, Selbst- und Fremdeinschätzungsbögen, Reflexionskärtchen, die Drei-Finger-Einschätzung und das Sozialziele-Center. Wichtig ist, dass in Reflexionsphasen thematisiert wird, was gut gelungen ist, um die Schüler zu motivieren und ihr Selbstwertgefühl zu stärken. Anstatt Fehler ausführlich zu besprechen, ist es sinnvoller, konstruktive Verbesserungsvorschläge zu machen. Besonders wirksam sind die Vorschläge, die von den Kindern selbst kommen.

II Kompetenzorientiert unterrichten: Praxisbeispiele

Wie bereits erwähnt, umfasst das Fach Deutsch die vier Kompetenzbereiche „Sprechen und Zuhören", „Schreiben", „Lesen – mit Medien umgehen" sowie „Sprache und Sprachgebrauch untersuchen". Zu jedem Kompetenzbereich wiederum gehören die zu vermittelnden Kompetenzen. Diese Gliederung findet sich auch im folgenden Praxisteil wieder. Das bedeutet, dass jedem Kompetenzbereich mehrere Unterrichtsbeispiele zugeordnet sind, die die jeweils geforderten Kompetenzen berücksichtigen bzw. abdecken.

Zunächst erfolgt ein kurzer Überblick über den jeweiligen Kompetenzbereich. Daran schließen sich die einzelnen Unterrichtsbeispiele an, die schwerpunktmäßig bestimmte Kompetenzen anbahnen bzw. erweitern. Hier wurde bewusst auf eine Vernetzung der verschiedenen Kompetenzbereiche des Faches Deutsch und der methodischen und sozialen Kompetenzen geachtet.

Die Hinweise zum Unterricht umfassen die Vorbereitungsarbeiten und die benötigten Materialien sowie den Unterrichtsablauf inklusive der kooperativen Lernformen und der Reflexion. Zum Teil sind auch Präsentation und Festigung integriert. Mögliche Anschlussaufgaben mit dem Verweis auf weitere Kompetenzen finden sich ebenfalls bei einigen Praxisbeispielen.

Sämtliche Vorschläge sind in sich stimmig konzipiert und dadurch oft umfangreich. Sie können als Sequenz betrachtet werden, die sich in mehrere Unterrichtseinheiten unterteilen lässt.

1 Sprechen und Zuhören

Sprechen und Zuhören sind grundsätzlich für jedes Unterrichtsfach von großer Bedeutung und beinhalten gleichzeitig auch eine soziale Komponente. Beide Kompetenzen müssen im Rahmen des Deutschunterrichts bewusst geschult werden. Ziel ist es, die mündliche Ausdrucksfähigkeit zu erweitern, ein angemessenes Sprechhandeln auszubilden und die Fähigkeit des Zuhörens zu entwickeln bzw. zu festigen. Die Kinder bringen unterschiedliche sprachliche Kenntnisse und Begabungen mit in die Schule, die von ihrer sozialen Herkunft und einem eventuellen Migrationshintergrund beeinflusst sind. Es darf nicht unterschätzt werden, dass ihre Persönlichkeitsentwicklung sehr stark vom mündlichen Sprachgebrauch abhängt und die Unsicherheit und Verletzlichkeit beim sprachlichen Handeln oft groß ist. Die mündliche Sprachentwicklung gelingt besonders gut, wenn die Schüler in eine Klassenatmosphäre integriert sind, die von Wertschätzung, Vertrauen und Aufmerksamkeit gegenüber den individuellen Befindlichkeiten geprägt ist (Bremerich-Vos u. a. 2011, S. 48 f.).

1.1   Verstehend zuhören: Hör mir einmal zu!

Kompetenzen

Wir leben in einer Gesellschaft, in der Reizüberflutung, eine andauernde Geräuschkulisse und viel Aktionismus zum kindlichen Alltag gehören. Still zu werden, sich Zeit zu nehmen und in Ruhe zuzuhören, ist nicht die übliche gesellschaftliche Grundeinstellung. Die Kinder erleben oft selbst nicht, dass ihnen jemand aufmerksam zuhört, ohne nebenbei ins Handy zu tippen oder gedanklich schon beim nächsten Thema zu sein. Hinzu kommt, dass die unterschiedlichsten Aufmerksamkeitsdefizitsyndrome inzwischen fester schulischer Bestandteil sind. Es ist also nicht selbstverständlich davon auszugehen, dass Kinder wissen, wie man genau und aufmerksam zuhört. Auch die Aufforderung „Sieh nach vorne, sei leise, spitz die Ohren, höre genau zu" erweitert nicht die Zuhörkompetenz der Schüler. Um die Kinder zu befähigen, verstehend zuzuhören, sind Lernsituationen und Lernformen nötig, die es ihnen ermöglichen, zu erkennen, was gutes Zuhören ausmacht. Das folgende Unterrichtsbeispiel – untergliedert in zwei Einheiten – greift diese Überlegungen und Zielsetzungen auf. Ausgehend von der Darstellung verschiedener Negativbeispiele lässt sich mit den Kindern positives Zuhörverhalten (im Folgenden „gutes Zuhören" genannt) herausarbeiten und nachhaltig sichern.

Folgende Kompetenzen können mit diesem Unterrichtsvorschlag erreicht werden:

- Inhalte zuhörend verstehen (Bereich „Sprechen und Zuhören: Verstehend zuhören"),
- sich in eine Rolle hineinversetzen und sie gestalten (Bereich „Sprechen und Zuhören: Szenisch spielen"),
- Situationen in verschiedenen Spielformen szenisch entfalten (Bereich „Sprechen und Zuhören: Szenisch spielen").

Hinweise zum Unterricht

Materialien auf CD-ROM (◎)
- Spielszenen (KV 1, Auszug auf S. 26)
- Placemat (KV 2, S. 27)
- Auftragskarte (KV 3, S. 28)
- Verabredungskalender (KV 4, S. 29)

Weitere Materialien
- ein Paar Schuhe mit Klettverschluss (Turnschuhe der Schüler)
- Postkarten zum Zerschneiden (pro Gruppe eine Karte)

Vorbereitung
- Spielszenen (KV 1) einmal kopieren, laminieren und ausschneiden
- eine kleine Bühne mit zwei bzw. drei Stühlen herrichten (Erzähler und Zuhörer sitzen sich jeweils gegenüber)
- jede Postkarte in vier Puzzleteile zerschneiden
- ein Placemat (KV 2) pro Gruppe auf DIN A3 vergrößert kopieren
- eine Auftragskarte (KV 3) pro Gruppe kopieren
- Verabredungskalender (KV 4) für jedes Kind kopieren

Ablauf
1. Einheit: Zuhörsituationen szenisch darstellen und Merkmale für gutes Zuhören herausfinden

Zieltransparenz: „Gutes Zuhören ist gar nicht so leicht. Das wirst du in vielen kurzen Spielstücken beobachten können. Du übst selbst ein Spielstück mit einem Partner ein und spielst es der Klasse vor. Anschließend überlegst du dir Merkmale für gutes Zuhören."

Die Schüler finden sich nach eigenem Wunsch mit einem Partner bzw. in Gruppen zusammen, da eine Vertrauensbasis unter den Spielenden hilfreich ist. Für die Spielszenen 1 bis 8 benötigt man zwei Kinder, für die Spielszenen 9 und 10 drei Kinder.

Nachdem die einzelnen Kleingruppen jeweils eine Karte (KV 1) gezogen haben, studieren sie die dort vorgegebene Szene ein. Die Struktur ist dabei immer dieselbe: Der Erzähler berichtet von seinen Wochenenderlebnissen, während der bzw. die Zuhörer durch ihr Verhalten Unaufmerksamkeit signalisieren (Klettverschluss der Schuhe öffnen und schließen, aus dem Fenster schauen usw.). Die Aufführungen vor dem Plenum finden dann auf einer kleinen Bühne statt, auf der schon zwei (bzw. drei) Stühle bereitstehen.

Alternativ kann man sich auch auf einige Spielszenen beschränken. Die Kinder können diese, wenn möglich, auch außerhalb des Unterrichts einüben, sodass sofort nach der Überleitung die Szenen vorgeführt werden.

Für die Auswertung der Spielszenen bekommen die Schüler folgenden Beobachtungsauftrag: Was war an dem Verhalten der Zuhörer nicht in Ordnung? Nach jeder Spielszene notieren die Kinder in Einzelarbeit ihre Beobachtungsergebnisse auf einem Blatt.

Ausgehend von den gemachten Beobachtungen zum schlechten Zuhören wird in der Klasse über die Befindlichkeiten des Erzählers gesprochen. Diese Punkte sind Gesprächsinhalt:

• Wie fühlte sich der Erzähler in den Spielstücken?
• Warum fühlte er sich so?
• Was erwartest du als Erzähler vom Zuhörer, wenn du sprichst?

In dieser Phase, die wiederum Gruppenarbeit beinhaltet, bietet sich das Integrieren kooperativer Lernformen an. Die Lehrerin initiiert die Gruppenfindung durch ein Postkartenpuzzle. Über diese Methode findet eine zufällige Gruppenzusammensetzung statt, die Offenheit für unterschiedliche Lernpartner schafft.

Postkartenpuzzle

Die Lehrerin zerschneidet im Vorfeld mehrere Postkarten (je nach Anzahl der Kinder) in einzelne Teile und steckt diese in ein Kuvert. Jedes Kind zieht ein Postkartenteil. Um die Karten jeweils wieder zusammenzusetzen, gehen die Kinder durch den Raum und suchen die Schüler mit den übrigen Teilen. Ist eine Postkarte und damit die Gruppe komplett, sucht sich das Team einen Platz.

Während der Gruppenfindung verteilt die Lehrerin die Placemats (KV 2; s. a. Infokasten S. 23) und Aufgabenkarten (KV 3) auf den Tischen.

In der anschließenden Gruppenarbeit überlegen die Kinder, woran man gutes Zuhören erkennen kann und halten dies, mit Blick auf die spätere Präsentation der Ergebnisse vor der Klasse, schriftlich fest. Dafür verwenden die Gruppen das vorbereitete Placemat, bei dem jeder Einzelbereich in zwei Spalten aufgeteilt ist: Gutes Zuhören – Das kann man sehen./Das kann man hören.

Placemat

Ein Placemat (= Tischset) ist eine schriftliche Organisationsform in der Gruppenarbeit, mit der Ideen, Informationen, Meinungen oder Vorerfahrungen gesammelt werden, um sich anschließend darüber auszutauschen und einen gemeinsamen Konsens zu finden. Zunächst trägt jedes Kind seine Gedanken zu einem vorgegebenen Thema auf dem Placemat in sein Feld ein. Danach erfolgt der Austausch in der Gruppe. Das Ergebnis bzw. der gemeinsame Konsens wird dann abschließend in dem frei gelassenen Bereich in der Mitte des Placemats schriftlich festgehalten.

Präsentation

Die Gruppen stellen der Reihe nach ihre Ergebnisse vor. Die Schüler entscheiden selbst, ob nur ein Gruppenmitglied liest oder ob jedes Kind einen Punkt vorträgt.

Festigung

Bis zur nächsten Einheit hängt die Lehrerin die Merkmale des guten Zuhörens am Sozialziele-Center (vgl. S. 25) auf. Sie werden in Zukunft immer dann als Ziel eingesetzt, wenn es wirklich etwas zu erzählen und zum Zuhören gibt.

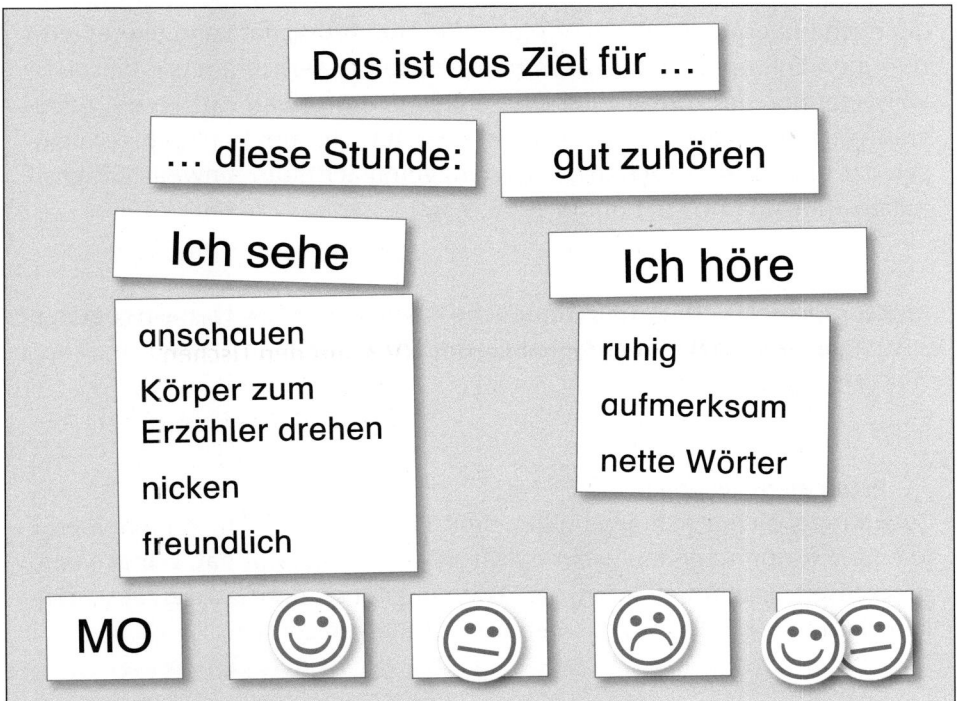

2. Einheit: Gutes Zuhören einüben

Zieltransparenz: „Du übst das gute Zuhören mithilfe der herausgefundenen Merkmale ein."

Auch innerhalb dieser Einheit bietet es sich wieder an, auf kooperative Lernformen zurückzugreifen und die Kinder paarweise arbeiten zu lassen. Zur Partnerfindung eignet sich in diesem Zusammenhang der Verabredungskalender (KV 4).

Verabredungskalender

Jedes Kind erhält einen Verabredungskalender, auf dem vier Positionen (benannt nach Farben, Tieren o. Ä.) zu besetzen sind. Die Kinder erhalten nun die Aufgabe, innerhalb von zwei bis drei Minuten für jede Position einen Mitschüler zu finden. Beispiel: Kind 1 hat noch keinen Partner der Farbe Blau gefunden und fragt Kind 2. Kind 2 schaut auf seinen Kalender, ob diese Position noch frei ist. Steht dort noch kein anderes Kind, können sich Kind 1 und 2 „verabreden" und gegenseitig eintragen. So verfahren die Kinder, bis alle Felder des Kalenders befüllt sind. Wichtig ist, dass kein Kind ein anderes ablehnen darf, wenn die angefragte Position auf seinem Verabredungskalender noch unbesetzt ist. Nach erfolgter „Terminabsprache" kann die Lehrerin nun die Kinder paarweise zusammenarbeiten lassen, indem sie beispielsweise vorgibt, dass die Schüler jeweils mit einem gelben Partner die zu bewältigende Aufgabe lösen sollen. Diese Partnerschaften sind mehrfach einsetzbar und können auch über einen längeren Zeitraum hinweg Gültigkeit haben. (Bochmann/Kirchmann 2006, S. 62)

Im Rahmen der Partnerarbeit führen die Paare an ihren Plätzen ein sogenanntes Papageien-Gespräch durch. Hierbei handelt es sich ebenfalls um eine kooperative Lernform.

Papageien-Gespräch

Zwei Kinder sitzen sich gegenüber. Kind 1 erzählt zu einem Thema. Kind 2 wiederholt nun so genau wie möglich, was Kind 1 erzählt hat. Danach wird gewechselt. Es empfiehlt sich, die Erzählung auf ca. drei Sätze zu beschränken, damit die Kinder sich das Gehörte gut merken können.

Die Lehrerin gibt ein Thema vor und orientiert sich dabei an aktuellen Ereignissen (z. B. „Erzähle, was du gern in den Weihnachtsferien machen möchtest."). Sie beobachtet, ob die Kinder während des Gesprächs die erarbeiteten „Zuhör-Merkmale" einhalten und gibt, sofern notwendig, unterstützende Tipps. Anschließend wird das Papageien-Gespräch der Reihe nach mit den verschiedenen Partnern des Verabredungskalenders durchgeführt, sodass die Kinder mehrfach die Rolle des Erzählers bzw. des Zuhörers einnehmen. Um Langeweile zu vermeiden, kann die Lehrerin zwischendurch das Thema wechseln.

Gesamtreflexion
Für die Reflexion sozialer Lerninhalte ist das Sozialziele-Center sehr gut geeignet, bei dem die gesamte Klasse am Ende eines Schultages entscheidet, wie gut das erarbeitete Tagesziel erreicht wurde. Um die soziale Kompetenz wiederholt zu üben, ist es sinnvoll, eine Woche lang das gleiche Tagesziel zu verfolgen und es danach in größeren Abständen immer wieder aufzugreifen.

Sozialziele-Center
Beim Sozialziele-Center gibt es Smileys, mit denen ausgedrückt wird, ob das vorgenommene Ziel gut ☺ (grün), mittel ☺ (gelb) oder schlecht bzw. nicht ☹ (rot) erreicht wurde. Die Lehrerin hebt der Reihe nach die Smileys hoch. Die Kinder überlegen für sich, wie das Ziel von der ganzen Klasse erreicht wurde und melden sich dann gemäß ihrer Einschätzung. Die Mehrheit entscheidet und der entsprechende Smiley wird an das Sozialziele-Center gepinnt. Bei knapper Mehrheit zwischen zwei Smileys wird der eine im Vordergrund und der andere sichtbar dahinter befestigt. (vgl. Weidner)

Nach diesen Unterrichtseinheiten ist es sinnvoll, das Sozialziele-Center für die Merkmale guten Zuhörens immer dann einzusetzen, wenn es tatsächlich Gesprächs- und Zuhöranlässe gibt. So werden die Zuhörmerkmale nachhaltig im Gedächtnis verankert und die Klassengemeinschaft kann einschätzen, wie kompetent sie inzwischen beim verstehenden Zuhören ist.

Richtig Zuhören: Spielszenen – Negativbeispiele

---

1. Spielszene

Entscheidet, wer den Erzähler und wer den Zuhörer spielt.
Übt euer Stück so lange, bis ihr selbst sagt:
„Jetzt können wir es vorspielen."

- Der Erzähler berichtet, was er am Wochenende gemacht hat.

- Der Zuhörer lässt den Erzähler zwei Sätze sprechen.
  Dann unterbricht der Zuhörer den Erzähler mitten im Satz
  und erzählt selbst von seinem Wochenende.

---

2. Spielszene

Entscheidet, wer den Erzähler und wer den Zuhörer spielt.
Übt euer Stück so lange, bis ihr selbst sagt:
„Jetzt können wir es vorspielen."

- Der Erzähler berichtet, was er am Wochenende gemacht hat.

- Während der Erzähler spricht, rutscht der Zuhörer
  die ganze Zeit unruhig auf seinem Stuhl nach vorn,
  nach hinten, zur einen Seite, zur anderen Seite
  und wieder vor und zurück.

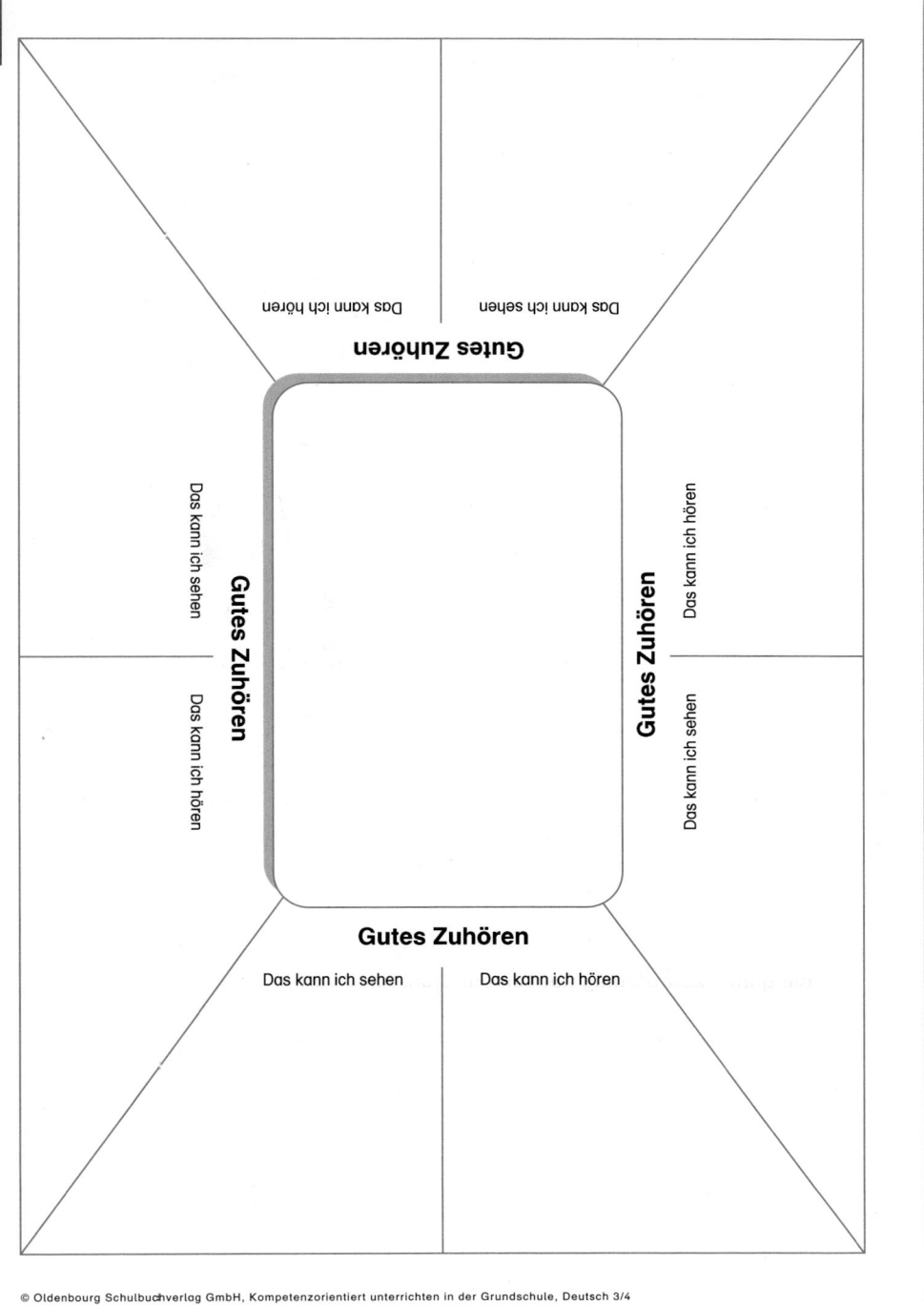

KV 3

An diesen Merkmalen erkennst du gutes Zuhören

Der Erzähler soll merken, dass ihm der Zuhörer aufmerksam zuhört.

Gib dem Zuhörer Tipps.

1) Überlege dir zuerst allein einige Tipps.
Schreibe sie in deinen Bereich des Placemat.
Beachte dabei die zwei Spalten.

2) Lest euch nun reihum eure Tipps vor.
Einigt euch auf die vier besten Tipps.
Schreibt sie in die Mitte des Placemats.

3) Lest euch eure gemeinsamen Tipps noch einmal gut durch,
sodass ihr sie der Klasse deutlich vortragen könnt.
Entscheidet, ob einer von euch die Tipps vorliest
oder ob sie von allen gemeinsam vorgestellt werden.

KV 4

Verabredungskalender

rot _____

gelb _____

grün _____

blau _____

Verabredungskalender

Spatz _____

Eule _____

Taube _____

Adler _____

(nach Bochmann, Reinhard/Kirchmann, Ruth (2008): Kooperativer Unterricht in der Grundschule. Essen: Neue Deutsche Schule Verlagsgesellschaft.)

1.2 Gespräche führen: Seine Meinung angemessen äußern und begründen zu der Frage „Führen wir einen Klassenrat ein?"

Kompetenzen

Die Sprachkompetenz der Schüler wird durch Lernsituationen weiterentwickelt, die ein konkretes Sprechhandeln zum Ziel haben, das bei anderen Gesprächen wieder angewendet werden kann. Wichtig ist, dass die Sprachanlässe für die Kinder unmittelbare Relevanz haben. In diesem Unterrichtsbeispiel wird anhand des Themas „Führen wir einen Klassenrat ein?" das Argumentieren in einfacher Form angebahnt. Die Schüler lernen, ihre Meinung sachlich zu vertreten sowie die Position anderer Kinder zu akzeptieren und zu überdenken. Die direkte Bezugnahme auf die Argumente der Mitschüler im Sinne einer Diskussion wird hier noch nicht erwartet. Das ist ein weiterer Schritt in der Entwicklung der Sprachkompetenz, da es die Fähigkeit zur Meinungsäußerung und -begründung bereits voraussetzt.

Folgende Kompetenzen können erreicht werden:
- sich an Gesprächen beteiligen (Bereich „Sprechen und Zuhören: Gespräche führen"),
- funktionsangemessen sprechen: argumentieren (Bereich „Sprechen und Zuhören: Zu anderen sprechen").

Hinweise zum Unterricht

Materialien auf CD-ROM ⊚
- Informationstext zum Klassenrat (KV 5, Auszug auf S. 33)
- Aufgabenkarte „So äußere ich meine Meinung" (KV 6, oben, S. 34)
- Lösungskarte (KV 6, unten, S. 34)
- Reflexionskarten (KV 7, S. 35)

Vorbereitung
- Informationstext zum Klassenrat (KV 5) nach Anzahl der Schüler kopieren
- Aufgabenkarte „So äußere ich meine Meinung" (KV 6, oben) nach Anzahl der Schüler kopieren
- pro Tisch eine Lösungskarte (KV 6, unten) kopieren und laminieren
- Reflexionskarten nach Anzahl der Partner kopieren und laminieren (KV 7)

Ablauf

Zieltransparenz: „Wir können in unserer Klasse einen Klassenrat einführen. Du überlegst dir, ob du das möchtest oder nicht. Heute lernst du, wie du deine Meinung dazu sagst und sie begründest."

Zunächst weist die Lehrerin darauf hin, dass man erst genaue Informationen zu einem Thema haben muss, bevor man sich eine Meinung dazu bilden kann. Anschließend lesen die Schüler still den Informationstext zum Klassenrat (KV 5) und machen sich Gedanken zu den beiden Aufgaben. Schwächeren Lesern liest die Lehrerin den Text vor, sodass gewährleistet ist, dass sie den Inhalt verstehen.

Nach der Lektüre bearbeiten die Kinder die Aufgabenkarte „So äußere ich meine Meinung" (KV 6, oben) und kontrollieren anschließend selbstständig. Die Lösungskarte (KV 6, unten) liegt dazu verdeckt in der Tischmitte. Kinder, die ein schnelleres Arbeitstempo haben, kombinieren nun eine der Formulierungen auf der Aufgabenkarte mit ihrer Begründung, die sie auf das Aufgabenblatt (KV 5) geschrieben haben, und sprechen sich den entstandenen Satz leise vor.

In der nächsten Phase treffen sich die Kinder im Doppelkreis, einer weiteren kooperativen Lernform (s. u.). Je nach Klassenzimmergröße kommen die Kinder mit ihren Stühlen oder mit Teppichfliesen in den Kreis. Sollte der Raum sehr beengt sein, lässt sich der Doppelkreis auch gut im Stehen durchführen.

Doppelkreis

Der Doppelkreis eignet sich, um einen kurzen mündlichen Austausch mit mehreren Partnern zu ermöglichen. Dazu bilden die Schüler jeweils einen Außen- und Innenkreis. Die Kinder des Außen- und Innenkreises sitzen sich gegenüber und sehen sich an. Zuerst sprechen alle Kinder im Außenkreis, während der Partner im Innenkreis zuhört. Danach wird gewechselt. Erklingt ein akustisches Signal, gehen die Kinder des Außenkreises im Uhrzeigersinn zwei Plätze weiter. Dort findet der Austausch mit dem neuen Partner statt. Das Ganze kann beliebig oft wiederholt werden. (Bochmann/ Kirchmann 2006, S. 64 f.)

Die Kinder verwenden hierbei die Formulierungen der Aufgabenkarte, um ihre Meinung zu äußern und schließen ihre Begründung mit eigenen Worten an.

Nachdem die Schüler viele unterschiedliche Ansichten gehört haben, überdenken sie ihre eigene Meinung noch einmal. Anschließend wird abgestimmt, ob der Klassenrat eingeführt werden soll oder nicht.

Reflexion

Die Kinder, die sich im Doppelkreis momentan gegenübersitzen, tauschen sich über ihre erworbenen Kompetenzen aus. Als Gesprächsgrundlage dienen Reflexionskarten (KV 7) mit folgendem Inhalt:

- Ich habe meine Meinung höflich und sachlich geäußert.
- Ich konnte meine Meinung verständlich begründen.
- Ich kann jetzt auch zu einem anderen Thema meine Meinung sagen und begründen.

Jedes Kind äußert sich zu den einzelnen Karten, bewertet dabei aber nur sich selbst – nicht das Partnerkind.

Name: _____   Datum: _____

Der Klassenrat

Im Klassenzimmer wird ein Briefkasten aufgestellt.
In ihn werfen die Kinder kleine Zettel mit ihren
Wünschen oder Beschwerden, die im Klassenrat
besprochen werden sollen. Auch die Lehrerin kann
ein Thema vorschlagen, z.B. einen Klassenausflug.

Jede Woche findet zu einer festen Zeit
der Klassenrat statt.
Er dauert nicht länger als 20 Minuten.
Alle Schüler setzen sich in den Stuhlkreis,
damit sie sich beim Sprechen anschauen können.
Zum Klassenrat gehören die Kinder der Klasse
und die Klassenlehrerin.

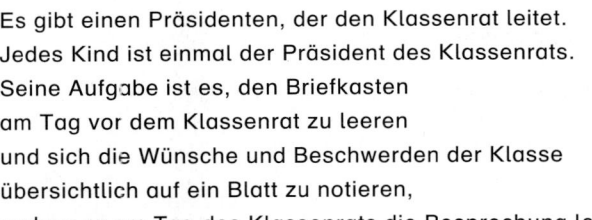

Es gibt einen Präsidenten, der den Klassenrat leitet.
Jedes Kind ist einmal der Präsident des Klassenrats.
Seine Aufgabe ist es, den Briefkasten
am Tag vor dem Klassenrat zu leeren
und sich die Wünsche und Beschwerden der Klasse
übersichtlich auf ein Blatt zu notieren,
sodass er am Tag des Klassenrats die Besprechung leiten kann.

Der Präsident achtet auf den richtigen Ablauf des Klassenrats und erteilt
das Wort. Das bedeutet, wenn du etwas sagen möchtest, meldest du dich
und der Präsident ruft dich auf.

KV 6

Ich äußere meine Meinung

Wie klingt deine Meinung höflich und sachlich? Kreuze an.

☐ Ich finde es gut, einen Klassenrat einzuführen, weil …

☐ Hey, es ist cool, einen Klassenrat einzuführen, weil …

☐ Jippie, bravo, es ist super, einen Klassenrat einzuführen, weil …

☐ Ich bin dafür, einen Klassenrat einzuführen, weil …

☐ Ich finde es total blöd, einen Klassenrat einzuführen, weil …

☐ Ich finde es nicht gut, einen Klassenrat einzuführen, weil …

☐ Ich bin dagegen, einen Klassenrat einzuführen, weil …

☐ So ein Quatsch, einen Klassenrat einzuführen, weil …

Ich äußere meine Meinung (Lösung)

Wie klingt deine Meinung höflich und sachlich? Kreuze an.

☒ Ich finde es gut, einen Klassenrat einzuführen, weil …

☐ Hey, es ist cool, einen Klassenrat einzuführen, weil …

☐ Jippie, bravo, es ist super, einen Klassenrat einzuführen, weil …

☒ Ich bin dafür, einen Klassenrat einzuführen, weil …

☐ Ich finde es total blöd, einen Klassenrat einzuführen, weil …

☒ Ich finde es nicht gut, einen Klassenrat einzuführen, weil …

☒ Ich bin dagegen, einen Klassenrat einzuführen, weil …

☐ So ein Quatsch, einen Klassenrat einzuführen, weil …

KV 7

Ich konnte meine Meinung verständlich begründen.

Auf dieser Karte ist Platz für deine eigenen Ideen.

Ich habe meine Meinung höflich und sachlich geäußert.

Ich kann jetzt auch zu einem anderen Thema meine Meinung sagen und begründen.

1.3 Zu anderen sprechen: Ein Referat halten

Kompetenzen

Es ist für die meisten Kinder eine Herausforderung, sich über einen längeren Zeitraum intensiv mit einem Thema auseinanderzusetzen, sich selbst zu organisieren, effektiv zu arbeiten und kontinuierlich bei der Sache zu bleiben. Die Arbeit an einem Referat bedeutet zusätzlich zur Erweiterung fachlicher Kompetenzen einen enormen Zugewinn an persönlicher und methodischer Kompetenz. Neben den inhaltlichen Sachinformationen erwerben die Schüler ein Repertoire an methodischen Vorgehensweisen, um an Informationen heranzukommen, sie zu sortieren, aufzubereiten und so vorzutragen, dass auch andere sie nachvollziehen können.

Das folgende Unterrichtsbeispiel beinhaltet das Üben des Vortrags unter Berücksichtigung gemeinsam erarbeiteter Tipps zum Sprechen sowie die Präsentation eines Plakats zum Referatsthema. Die Kinder erhalten im Laufe der Einheit ein breites Spektrum an „Sprechtipps", das je nach Klassensituation gekürzt werden kann. Die Kriterien für einen guten Vortrag werden zusätzlich in den Selbst- und Fremdeinschätzungsbogen aufgenommen.

Zur Durchführung des Unterrichtsbeispiels stehen je nach Schulausstattung die Varianten A und B zur Auswahl.

Folgende Kompetenzen können mit diesem Unterrichtsbeispiel erreicht werden:
- an der gesprochenen Standardsprache orientiert und artikuliert sprechen (Bereich „Sprechen und Zuhören: Zu anderen sprechen"),
- Wirkungen der Redeweise kennen und beachten (Bereich „Sprechen und Zuhören: Zu anderen sprechen"),
- funktionsangemessen sprechen: informieren (Bereich „Sprechen und Zuhören: Zu anderen sprechen"),
- Sprechbeiträge situationsangemessen planen (Bereich „Sprechen und Zuhören: Zu anderen sprechen"),
- Sachverhalte beschreiben (Bereich „Sprechen und Zuhören: Über Lernen sprechen"),
- Lernergebnisse präsentieren und dabei Fachbegriffe benutzen (Bereich „Sprechen und Zuhören: Über Lernen sprechen").

Hinweise zum Unterricht

Materialien auf CD-ROM ⊚
Sofern die Materialien nicht explizit der Variante A oder B zugewiesen sind, werden sie in beiden Fällen benötigt.
- Bild für das Klassenplakat „Ein Referat halten" (KV 8, S. 41)
- Vortragstexte (KV 9, Auszug auf S. 42)
- Wortkarten (KV 10, Auszug auf S. 43)
- Selbst-/Fremdeinschätzungsbogen (KV 11, S. 44)
- Übersichtsbogen „Ein Referat halten – Schritt für Schritt" (KV 12, S. 45)

Weitere Materialien
- Blanko-Wortkarten
- Vorlagen der Schüler aus den vorangegangenen Unterrichtseinheiten: Karteikarten mit Sachinformationen, zum Thema gestaltete Plakate
- Textmarker/dicke Fasermaler zum Schreiben auf Laminierfolie
- Klebestreifen
- farbiger Bogen Tonpapier (50 × 70 cm)
- Audiogerät
- Digitalkamera (Variante A)
- Notebook/PC, evtl. USB-Kabel (Variante A)
- Beamer sowie Leinwand oder freie weiße Wandfläche (Variante A)

Vorbereitung
- Übersichtsbogen „Ein Referat halten – Schritt für Schritt" (KV 12) nach Bedarf vergrößern und aufhängen und/oder für die Hand der Kinder kopieren
- Vortragstexte (KV 9) bzw. Audiogerät mit den aufgenommenen Texten bereithalten (Variante B)
- Wortkarten (KV 10) nach Anzahl der Gruppen kopieren und laminieren (Variante B)
- Wortkarten (KV 10) für die Hand der Lehrerin kopieren, laminieren und auf der Rückseite mit Klebestreifen versehen
- einige Blanko-Wortkarten laminieren und auf der Rückseite mit Klebestreifen versehen
- für das Klassenplakat: ein farbiger Bogen Tonpapier (50×70 cm) als Untergrund; das Bild „Ein Referat halten" (KV 8) kopieren und aufkleben; außerdem: Wortkarten mit Klebestreifen bereithalten
- Selbst- und Fremdeinschätzungsbogen (KV 11) nach Schüleranzahl kopieren

Ablauf

Variante A

Die Arbeit an einem Referat erfordert insgesamt eine stark individualisierende Vorgehensweise, da die Kinder für die einzelnen Schritte unterschiedlich lang brauchen. Diese Variante setzt bei den Schülern an, die an dem Punkt „Freien Vortrag mit Präsentation des Plakats üben" angekommen sind. In Absprache mit den Kindern filmt die Lehrerin deren Vorträge mit einer Kamera, um später die Aufnahme vor der ganzen Klasse zu zeigen und um Tipps für den Vortrag zu erarbeiten. Die Kinder üben ihren Vortrag unreflektiert und geben Bescheid, sobald sie zur Aufnahme bereit sind. Das jeweilige Kind darf sich unmittelbar danach die Aufnahme von sich ansehen. Achtung: Aus datenschutzrechtlichen Gründen sollte sich die Lehrerin vorab sicherheitshalber die Genehmigungen für die Videoaufnahmen von den Erziehungsberechtigten schriftlich einholen, auch wenn sie ausschließlich im Unterricht verwendet werden.

Zieltransparenz: „Mithilfe einiger Videoaufnahmen von Referaten deiner Mitschüler erarbeitest du Tipps zum Sprechen. Achte also besonders gut darauf, wie die Person spricht. Die Tipps werden auf unserem Klassenplakat gesammelt."

An einer beliebigen, gut sichtbaren Stelle wird das Klassenplakat (KV 8) zunächst ohne Wortkarten aufgehängt. Bevor die Videoaufnahmen von allen angesehen werden, macht die Lehrerin die Kinder mit den Grundzügen einer wertschätzenden Feedback-Kultur vertraut und legt folgende Vorgehensweise fest: Das Kind, dessen Aufnahme gezeigt wurde, darf die Wortmeldungen der Mitschüler annehmen. Der aufgerufene Mitschüler darf bis zu drei Anmerkungen machen. Wird eine Negativkritik geäußert, so muss diese mit einem Verbesserungsvorschlag einhergehen. Außerdem muss pro Negativkritik eine positive Rückmeldung formuliert werden. Bei drei möglichen Anmerkungen ist also nur eine negative Aussage möglich. Insgesamt ist darauf zu achten, dass die Kinder ihre Meinungen begründen.

Die Kinder sehen nun die erste Aufnahme an und geben Rückmeldung. Evtl. muss noch einmal klargestellt werden, dass sich diese nur auf die Vortragsweise beziehen soll, und nicht etwa darauf, wie einem z. B. das Thema gefallen hat.

Alle Kriterien zum Sprechen, die positiv angemerkt werden oder zu denen ein Verbesserungsvorschlag kommt, werden auf den Blanko-Wortkarten notiert und an das Klassenplakat geheftet. So wird mit sämtlichen Aufnahmen verfahren. Zum weiteren Ablauf siehe S. 40.

Variante B

Diese Variante setzt ebenfalls bei den Schülern an, die bereits an dem Punkt „Freien Vortrag mit Präsentation des Plakats üben" angelangt sind. Dieses Mal erhalten sie jedoch vorgegebene Texte (KV 9), die sie bewusst fehlerhaft vortragen sollen. Sie müssen also absichtlich gegen ein Kriterium verstoßen, das eigentlich einen guten Vortrag kennzeichnet.

> Beispiel: *Du sprichst den Text sehr leise*
> Ich halte ein Referat über die Uros-Inseln in Südamerika.
> Auf den Inseln läuft man so weich wie auf einem Waldboden.
> Man läuft dort aber auf einer dicken Matte aus Schilf.
> (Weitere Beispiele siehe S. 42.)

Wichtig ist, dass die Kinder die Texte zuvor solange einüben, bis sie sie frei aufsagen können. Anhand dieser Vorträge werden anschließend gemeinsam Tipps für gutes Sprechen beim Halten eines Referats erarbeitet. Alternativ kann die Lehrerin einige Texte der Kinder auch mit einem Audiogerät aufzeichnen. Auf diese Weise lässt sich das Einüben des freien Sprechens umgehen.

Im nächsten Schritt erfolgt die gemeinsame Erarbeitung. An einer beliebigen, gut sichtbaren Stelle im Klassenzimmer hängt die Lehrerin das Klassenplakat (KV 8), zunächst ohne Wortkarten, als stummen Impuls auf.

Zieltransparenz: Die Schüler formulieren das Ziel selbst, z. B.: „Ich lerne heute, wie ich mein Referat gut halte."

Anschließend findet eine Gruppenarbeitsphase, in die kooperative Lernformen integriert werden, statt. Zu Beginn initiiert die Lehrerin eine Gruppenfindung mittels Gummibärchen. Dieses Verfahren soll per Zufallsprinzip verhindern, dass immer dieselben Kinder zusammenarbeiten und somit eine Offenheit für unterschiedliche Lernpartner schaffen.

> *i*
>
> **Gruppenfindung mit Gummibärchen**
> Jedes Kind bekommt ein Gummibärchen. Anschließend finden sich immer vier Kinder mit der gleichen Gummibärchenfarbe oder der gleichen Gummibärchensorte zusammen. Damit die Aufteilung am Ende glatt aufgeht, muss die Lehrerin im Vorfeld überprüfen, ob sie genügend Gummibärchenfarben und -sorten für alle Schüler zur Verfügung hat.

Nachdem sich die Kinder in Gruppen zusammengefunden haben, üben einige von ihnen die Texte (KV 9) ein. Dazu verlassen sie vorübergehend die Gruppen. Sobald sie den Text auswendig gelernt haben, tragen sie ihn den anderen vor. Die Teammitglieder haben den Auftrag, nach jedem Text zu überlegen, auf was man beim Sprechen und Zuhören besonders achten muss. In der Mitte liegen dazu als Hilfestellung verschiedene Wortkarten (KV 10), von denen zwei bewusst inhaltlich falsch sind. Die Kinder überlegen gemeinsam, was bei dem jeweiligen Textvortrag verbessert gehört. Sie heben die entsprechende Wortkarte hoch, vergleichen ihre Wahl mit den Entscheidungen der anderen Gruppen und korrigieren bei Bedarf ihre Entscheidung. Die jeweilige Wortkarte wird dann an das Klassenplakat geheftet.

Falls die Kinder eigene Formulierungen verwenden oder einen Tipp geben, der noch nicht auf den Wortkarten erfasst ist, notiert die Lehrerin diese auf den Blanko-Wortkarten.

Weitere Vorgehensweise für beide Varianten
Die Kinder üben ihren Vortrag entsprechend der erarbeiteten Kriterien. Die Informationen, die sie zu ihrem Thema auf Karteikarten notiert haben, dienen beim Vortrag als Gedächtnisstütze. Es ist günstig, wenn in der Schule die Möglichkeit besteht, verschiedene Räumlichkeiten zu nutzen, sodass nicht zu viele Kinder gleichzeitig im Klassenzimmer das Sprechen üben. Eine gewisse zeitliche Entzerrung ergibt sich durch das unterschiedliche Arbeitstempo der Kinder von selbst. Die Kinder, deren Vortrag bei Variante A aufgenommen wurde, verbessern ihn mithilfe der Tipps zum Sprechen. Abschließend halten die Kinder nacheinander vor der Klasse ihr Referat.

Reflexion
Unmittelbar nach dem Referat sucht das Kind, das den Vortrag gehalten hat, drei Mitschüler aus, die ihm entsprechend der wertschätzenden Feedback-Kultur (vgl. S. 38) Rückmeldung geben.

Danach bekommt jedes Kind einen Bogen zur Selbst- und Fremdeinschätzung (KV 11), der sich genau auf die erarbeiteten Kriterien eines guten Vortrags bezieht. Es füllt die Selbsteinschätzung aus und kann sich zusätzlich noch schriftlich frei dazu äußern. Danach gibt es den Bogen an die Lehrerin weiter, die die Fremdeinschätzung ausfüllt. Es ist empfehlenswert, den Abgleich der beiden Einschätzungen zeitnah in Form eines persönlichen Lerngesprächs vorzunehmen, damit dem Kind bewusst wird, dass der Bogen hilfreich für seine weitere Lernarbeit ist. Im Rahmen des Lerngesprächs können darüber hinaus auch individuelle Ziele besprochen werden.

KV 9

Vortragstexte: Diese Texte kann man mit einem Audiogerät aufnehmen und wiedergeben.

Deine Aufgabe: Du sprichst den Text sehr leise.

Ich halte ein Referat über die Uros-Inseln in Südamerika.
Auf den Inseln läuft man so weich wie auf einem Waldboden.
Man läuft dort aber auf einer dicken Matte aus Schilf.

Deine Aufgabe: Du sprichst absichtlich undeutlich.

Die Kind, die aufn Uros-Inseln lem, fan jen Tag mim Boot zur
Schule. Nachm Unnerich ken sie zurinsl zurück.

Diese Tipps helfen dir: Die Kind (er „verschlucken"), die aufn (statt auf
den) Uros-Inseln lem (statt leben), fan (statt fahren) jen (statt jeden) Tag
mim (statt mit dem) Boot zur Schule. Nachm (statt nach dem) Unnerich
(statt Unterricht) ken (statt kehren) sie zurinsl (zur Insel als ein Wort
gesprochen) zurück.

Deine Aufgabe: Du sprichst den Text sehr schnell.

Die Stockenten können 56 Zentimeter lang werden. Sie wiegen
zwischen 700 und 1.500 Gramm. Sie werden 10 bis 15 Jahre alt.

Deine Aufgabe: Du sprichst den Text mit unbekannten Wörtern.

Ein Planet ist ein Himmelskörper. Seine Masse ist so groß, dass
sich das Objekt im hydrostatischen Gleichgewicht befindet.

Deine Aufgabe: Du machst an den falschen Stellen Sprechpausen.

Die Stockenten brü --- ten am --- Boden oder --- in niedrigen Bäumen.
(Hier keine Pause nach dem Punkt machen und mit der Stimme nicht
heruntergehen.) Sie bauen --- ein offen --- es Nest aus --- großen Halmen.

KV 10

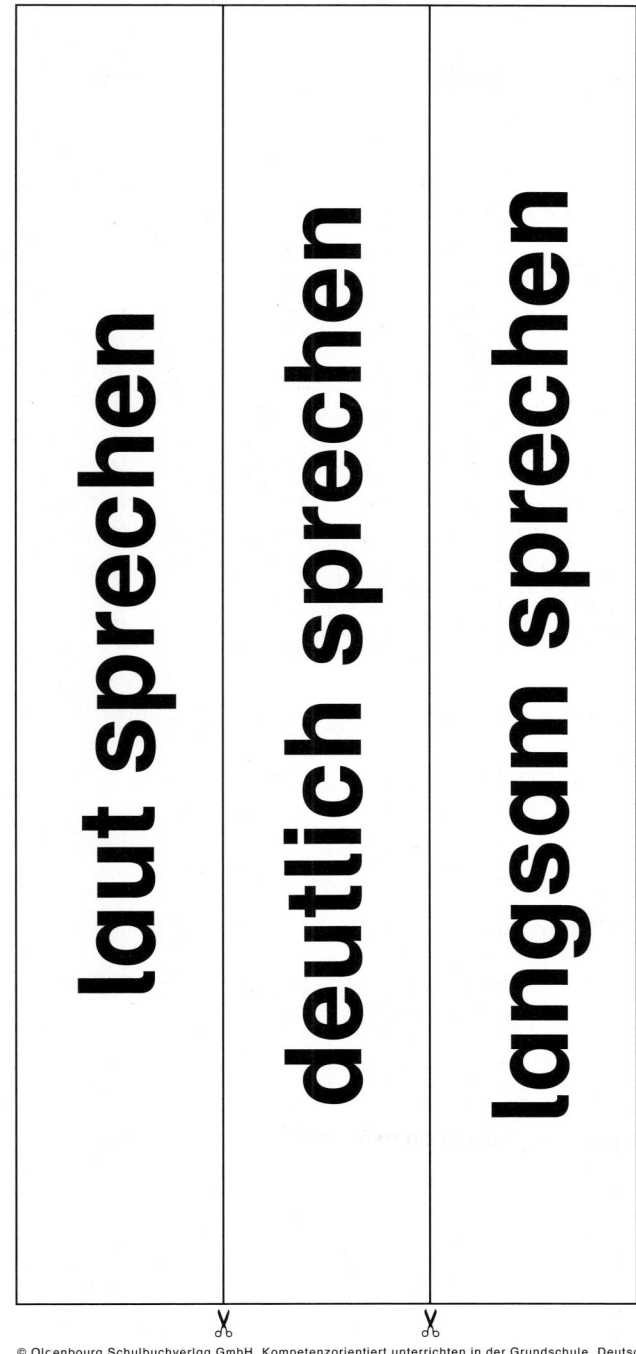

laut sprechen

deutlich sprechen

langsam sprechen

KV 11

Name: _____ Datum: _____

Dein Vortrag – So schätze ich dich ein

Dein Thema:	☺☺	☺	☹	☹☹
Du hast frei gesprochen.				
Du hast laut gesprochen.				
Du hast deutlich gesprochen.				
Du hast langsam gesprochen.				
Du hast sinnvolle Sprechpausen gemacht.				
Du hast Wörter verwendet, die die Zuhörer verstehen.				
Du hast die Zuhörer angesehen.				
Du hast das Plakat erklärt.				

Das will ich dir noch sagen:

_____

_____

Name: _____ Datum: _____

Mein Vortrag – So schätze ich mich ein

Mein Thema:	☺☺	☺	☹	☹☹
Ich habe frei gesprochen.				
Ich habe laut gesprochen.				
Ich habe deutlich gesprochen.				
Ich habe langsam gesprochen.				
Ich habe sinnvolle Sprechpausen gemacht.				
Ich habe Wörter verwendet, die die Zuhörer verstehen.				
Ich habe die Zuhörer angesehen.				
Ich habe das Plakat erklärt.				

Das will ich noch sagen:

_____

_____

© Oldenbourg Schulbuchverlag GmbH, Kompetenzorientiert unterrichten in der Grundschule, Deutsch 3/4

KV 12

Ein Referat halten

Schritt für Schritt

 Ich wähle ein Thema oder einen Themenbereich aus.

 Ich notiere meine Gedanken und mein Vorwissen zum Thema und erstelle eine Mind-Map (Gedankenlandkarte).

 Ich recherchiere. Ich suche Informationen zum Thema:
- in Sachbüchern,
- in einem Lexikon,
- im Internet.

 Nun ergänze und erweitere ich meine Mind-Map.

 Ich arbeite mein Referat genau aus:
- Texte lesen
- unbekannte Wörter klären (im Lexikon nachschlagen)
- passende Textstellen markieren
- Texte kürzen
- Informationen zusammenfassen
- schwierige Wörter umformulieren

 Stichwörter oder Sätze für den Vortrag schreibe ich auf Karteikarten.

 Mein Plakat gestalte ich mit Bildern und Texten.

 Ich übe den freien Vortrag und die Präsentation meines Plakats.

 Ich halte den freien Vortrag vor Zuhörern und stelle ihnen mein Plakat vor.

2 Schreiben

Schreiben ist für Kinder neben der mündlichen Kommunikation eine zusätzliche Möglichkeit, sprachlich zu handeln. Sie können sachliche Informationen notieren, ihre Erlebnisse aufschreiben und Gefühle mitteilen. Wichtig ist auch die Erfahrung, dass man sein Geschriebenes veröffentlichen kann, beispielsweise in einem Buch oder einer Ausstellung in der Klasse, oder jemandem schicken kann, sei es per Brief oder E-Mail. Das bedeutet, der Kommunikationsradius wird größer.

Um zu gewährleisten, dass geschriebene Texte verständlich sind, ist es notwendig, den Kindern neben dem freien Schreiben von Texten auch das entsprechende Handwerkszeug zum Planen, Aufschreiben und Überarbeiten von Texten an die Hand zu geben. Die orthografischen Kenntnisse der Kinder werden in diesem Zusammenhang ebenfalls erweitert bzw. gefestigt. Denn durch das Üben, Nachschlagen in Wörterbüchern, Lernen und Anwenden von Regeln und Rechtschreibstrategien erwerben die Kinder eine Sensibilität sowie ein gewisses Maß an Sicherheit in der Rechtschreibung, das sie wiederum beim Schreiben ihrer Texte nutzen können.

2.1 Richtig schreiben: Einen Text auf Fehler überprüfen und korrigieren

Kompetenzen
Anhand eines vorgegebenen kurzen Textes mit 16 Fehlern wird den Kindern die Gelegenheit gegeben, diesen in Partnerarbeit auf orthografische Richtigkeit hin zu überprüfen. Zur Differenzierung steht noch ein weiterer Text mit einem höheren Schwierigkeitsgrad aufgrund von verschiedenen Rechtschreibphänomenen zur Verfügung. Dabei sollen sie bereits ihr erworbenes Gespür für korrekte Rechtschreibung einsetzen und erweitern. Das Nachschlagen im Wörterbuch und Anwenden von Rechtschreibstrategien, wie beispielsweise das Ableiten von Wörtern oder die Überprüfung von Wortarten bezüglich der Groß- und Kleinschreibung, spielen in dieser Unterrichtseinheit eine große Rolle.

Die hier gestellte Arbeitsaufgabe zum Bereich „Schreiben – Richtig schreiben" überschneidet sich mit dem Bereich „Sprechen und Zuhören – Über Lernen sprechen".

Folgende Kompetenzen können mit diesem Unterrichtsbeispiel erreicht werden:

- über Fehlersensibilität und Rechtschreibgespür verfügen (Bereich „Schreiben – Richtig schreiben"),
- Rechtschreibstrategien anwenden (Bereich „Schreiben – Richtig schreiben"),
- Rechtschreibhilfen verwenden: Wörterbuch nutzen (Bereich „Schreiben – Richtig schreiben"),
- Arbeitstechniken nutzen: Texte auf orthografische Richtigkeit überprüfen und korrigieren (Bereich „Schreiben – Richtig schreiben"),
- Begründungen und Erklärungen geben (Bereich „Sprechen und Zuhören – Über Lernen sprechen"),
- andere in ihrem Lernprozesses unterstützen (Bereich „Sprechen und Zuhören – Über Lernen sprechen").

Hinweise zum Unterricht

Materialien auf CD-ROM ⊚
- Verabredungskalender (KV 4, S. 29)
- Schnittkreis (KV 13 und 14, S. 50 f.)
- Lösung zum Schnittkreis (KV 13 und 14; nur auf CD-ROM)
- Tippkarte: Im Wörterbuch nachschlagen (KV 15, S. 52)

Vorbereitung
- Verabredungskalender (KV 4): entweder bereits ausgefüllt bei den Kindern vorhanden oder Leerformular nach Anzahl der Kinder kopieren
- Schnittkreis mit den fehlerhaften Texten (KV 13 und 14) nach Anzahl der Partner kopieren – am besten auf DIN A3 vergrößern
- Wörterbücher
- Lösungsblatt (KV 13 und 14) nach Anzahl der Partner kopieren
- Tippkarte „Im Wörterbuch nachschlagen" (KV 15) ebenfalls nach Anzahl der Paare kopieren

Ablauf
Zieltransparenz: „Du überprüfst mit einem Partner einen Text auf Richtigkeit, findest Fehler und verbesserst sie mithilfe des Wörterbuches."

Die Unterrichtseinheit beginnt mit einer Partnerarbeit und berücksichtigt somit die Einbindung kooperativer Lernformen. Zunächst werden die einzelnen Paare ermittelt. Dazu setzt die Lehrerin den Verabredungskalender (siehe Infokasten auf S. 24) ein, der zu einer eher zufälligen Teamzusammensetzung führt.

Im Anschluss erhalten immer zwei Partnerkinder ein Schnittkreis-Arbeitsblatt (KV 13 oder 14).

Schnittkreis
Hierbei handelt es sich um ein Arbeitsblatt mit zwei großen Kreisen, die sich in der Mitte zu etwa einem Drittel überschneiden. Jedes Kind arbeitet in seinem Kreis. In die Schnittmenge kommen die gemeinsamen Ergebnisse. Dieses Aufgabenprinzip hebt nicht allein auf das Erreichen fachlicher Lerninhalte ab, sondern fördert darüber hinaus auch eine positive Abhängigkeit, zielgerichtetes Arbeiten sowie gegenseitige Kontrolle.

Auf den Arbeitsblättern ist jeweils rechts und links derselbe fehlerhafte Text abgedruckt. Bei KV 13 beziehen sich die 16 Fehler ausschließlich auf die Großschreibung von Nomen und die Unterscheidung von eu/äu. Die Kinder werden über die Art und die Menge der Fehler informiert. Bei KV 14 gibt es 12 Fehler, die unterschiedliche Rechtschreibphänomene aufgreifen. Die Kinder erhalten den Auftrag, den Text zu lesen und Wörter, von denen sie wissen oder vermuten, dass sie falsch geschrieben sind, zu unterstreichen. Durch Nachschlagen im Wörterbuch finden sie die korrekte Schreibweise heraus und schreiben das Wort richtig in den Schnittkreis. Dabei müssen sie über das Rechtschreibproblem sprechen und sich über Strategien beim Nachschlagen austauschen. Als zusätzliche Hilfestellung steht den Kindern die Tippkarte „Nachschlagen im Wörterbuch" (KV 15) zur Verfügung.

Im Anschluss an die Partnerarbeit kann entweder eine zusätzliche Kontrolle durch ein vorbereitetes Lösungsblatt (KV 13 und 14) erfolgen oder aber die Lehrerin gibt den Auftrag, sich mit einem anderen Partner des Verabredungskalenders zusammenzufinden und eine weitere Kontrolle durchzuführen.

Reflexion
Die Reflexion erfolgt mithilfe der „Drei-Finger-Einschätzung", einer weiteren kooperativen Lernform.

Drei-Finger-Einschätzung
Die Lehrerin stellt Fragen zur Reflexion der Arbeit (fachliche, methodische oder soziale Ebene). Die Kinder beurteilen ihre erbrachte Leistung in Bezug auf die vorgegebene Fähigkeit als „super" (drei Finger hochheben), als „in Ordnung" (zwei Finger) oder als „nicht gut" (ein Finger). (Bochmann/Kirchmann 2006, S. 43 und S. 46)

So reflektiert jedes Kind seine Erfahrungen bei der Partnerarbeit. Die Lehrerin wiederum erhält einen schnellen Überblick und kann beim Aufzeigen von nur einem Finger noch einmal gezielt nachfragen, was nicht so gut geklappt hat bzw. woran es gelegen haben kann.

Mögliche Fragen im Zusammenhang mit dieser Unterrichtseinheit:
• Habt ihr alle Fehler gefunden?
• Habt ihr alle Wörter im Wörterbuch gefunden?
• Konntet ihr sie richtig aufschreiben?
• Konntet ihr gut als Partner zusammenarbeiten?

KV 13

Name: _____   Datum: _____

Schnittkreis: äu oder eu und Nomen schreibt man groß

1. Lies den Text auf deiner Seite. Hier sind **16 Fehler** versteckt.
2. Wenn du weißt oder vermutest, dass ein Wort falsch geschrieben ist, dann unterstreiche es mit einem Bleistift.
3. Wenn ihr beide fertig seid, schlagt gemeinsam alle unterstrichenen Wörter im Wörterbuch nach.
4. Schreibt das Wort richtig in den Schnittkreis.

Tipp: Ihr findet 8 × eu oder äu und 8 × Nomen (Namenwörter) klein geschrieben.

Im Wald

Sinan und Tom sind Fräunde. Heute wollen sie im wald Tiere beobachten.

Auf dem weg dorthin gehen sie an Heusern vorbei und klettern über Zeune. Unterwegs treffen sie viele Läute.

Zwischen den Beumen rascheln vögel im laub. Plötzlich sehen die jungen eine Äule auf einem ast. Meuse huschen heufig zwischen den Sträuchern herum. Es macht ihnen viel Fräude, die tiere zu beobachten.

Im Wald

Sinan und Tom sind Fräunde. Heute wollen sie im wald Tiere beobachten.

Auf dem weg dorthin gehen sie an Heusern vorbei und klettern über Zeune. Unterwegs treffen sie viele Läute.

Zwischen den Beumen rascheln vögel im laub. Plötzlich sehen die jungen eine Äule auf einem ast. Meuse huschen heufig zwischen den Sträuchern herum. Es macht ihnen viel Fräude, die tiere zu beobachten.

© Oldenbourg Schulbuchverlag GmbH, Kompetenzorientiert unterrichten in der Grundschule, Deutsch 3/4

KV 14

Name: _____   Datum: _____

Schnittkreis

1. Jeder liest den Text auf seiner Seite. Hier sind **12 Fehler** versteckt.
2. Wenn du weißt oder vermutest, dass ein Wort falsch geschrieben ist, dann unterstreiche es mit einem Bleistift.
3. Wenn ihr beide fertig seid, schlagt gemeinsam alle unterstrichenen Wörter im Wörterbuch nach.
4. Schreibt das Wort richtig in den Schnittkreis.

Die Klassenfahrt

Balt ist unsere irste Klassenfahrt.

Wir faren in eine Jugendherberge.

Alle Kinder ferteilen sich auf fier

zimmer. Zwei für die Medchen und zwei

für die Jungen. Op das Essen läcker

ist? Abens machen wir alle zusammen

Spile. Vileicht machen wir eine

Nachtwanderung.

Die Klassenfahrt

Balt ist unsere irste Klassenfahrt.

Wir faren in eine Jugendherberge.

Alle Kinder ferteilen sich auf fier

zimmer. Zwei für die Medchen und zwei

für die Jungen. Op das Essen läcker

ist? Abens machen wir alle zusammen

Spile. Vileicht machen wir eine

Nachtwanderung.

KV 15

Tippkarte: Nachschlagen im Wörterbuch

1. Im Wörterbuch sind alle Wörter nach dem ABC geordnet.

2. Wörter mit gleichem Anfangsbuchstaben werden nach dem zweiten Buchstaben geordnet. Wenn dieser auch wieder gleich ist, dann nach dem dritten, vierten, fünften Buchstaben usw.

3. Wenn du ein Wort nicht gleich findest, musst du überlegen, ob man das Wort auch anders schreiben könnte. Du findest das Wort dann vielleicht unter einem anderen Buchstaben.

4. Bei Verben musst du zunächst die Grundform bilden. Dann kannst du das Wort im Wörterbuch nachschlagen.

Tippkarte: Nachschlagen im Wörterbuch

1. Im Wörterbuch sind alle Wörter nach dem ABC geordnet.

2. Wörter mit gleichem Anfangsbuchstaben werden nach dem zweiten Buchstaben geordnet. Wenn dieser auch wieder gleich ist, dann nach dem dritten, vierten, fünften Buchstaben usw.

3. Wenn du ein Wort nicht gleich findest, musst du überlegen, ob man das Wort auch anders schreiben könnte. Du findest das Wort dann vielleicht unter einem anderen Buchstaben.

4. Bei Verben musst du zunächst die Grundform bilden. Dann kannst du das Wort im Wörterbuch nachschlagen.

2.2 Texte planen, Texte schreiben, Texte überarbeiten: Gedichtwerkstatt „Winter"

Kompetenzen

Das Unterrichtsbeispiel „Gedichtwerkstatt ‚Winter'" gibt Kindern die Möglichkeit, eigenen Gefühlen und Gedanken kreativ und individuell schriftlich Ausdruck zu verleihen. Sie erhalten verschiedene Gedichtanleitungen zur Auswahl, die ihnen gleichzeitig auch als Strukturierungshilfe dienen, die sie nutzen können, aber nicht müssen. Freie, ungelenkte Schreibversuche werden begrüßt und motivierend unterstützt.

Das Thema der Gedichtwerkstatt ist beliebig. Geeignet sind sowohl Jahreszeiten und Feste (z. B. Weihnachten) als auch spezielle Rahmenthemen (z. B. Freunde, Ferien). Die unterschiedlichen Gedichtformen werden nicht vorher durch die Lehrerin eingeführt. Sie steht als Beraterin zur Verfügung, während sich die Schüler selbstständig Kenntnisse über die Gedichtformen aneignen und ihre eigenen Gedichte verfassen.

Folgende (z. T. bereichsübergreifende) Kompetenzen können mit diesem Unterrichtsbeispiel erreicht werden:

- Schreibabsicht und Verwendungszusammenhang klären (Bereich „Schreiben – Texte verfassen: Texte planen"),
- nach Anregungen eigene Texte schreiben (Bereich „Schreiben – Texte verfassen: Texte schreiben"),
- Lernergebnisse geordnet festhalten und für eine Veröffentlichung verwenden (Bereich „Schreiben – Texte verfassen: Texte schreiben"),
- Texte in Bezug auf die äußere und sprachliche Gestaltung und auf die sprachliche Richtigkeit hin optimieren (Bereich „Schreiben – Texte verfassen: Texte überarbeiten"),
- Texte für die Veröffentlichung aufbereiten und dabei auch die Schrift gestalten (Bereich „Schreiben – Texte verfassen: Texte überarbeiten"),
- Gedichte vortragen, auch auswendig (Bereich „Lesen – mit Texten und Medien umgehen: Texte präsentieren"),
- bei Aufführungen mitwirken (Bereich „Lesen – mit Texten und Medien umgehen: Texte präsentieren"),
- Wirkungen der Redeweise kennen und beachten (Bereich „Sprechen und Zuhören: Zu anderen sprechen").

Hinweise zum Unterricht

Materialien auf CD-ROM ⊚
- Gedichtvorlagen für Akrostichon (KV 16, S. 58), Avenida (KV 17, S. 59), Elfchen (KV 18, S. 60), Rondell (KV 19, S. 61) und Haiku (KV 20, S. 62)
- Schreibanleitungen zu Akrostichon (KV 21, S. 63), Elfchen (KV 22 und 23, S. 64 f.)[3], Haiku (KV 24, S. 66), Avenida (KV 25, S. 67) und Rondell (KV 26, S. 68)
- Hilfskarte „Winterwörter" (KV 27, S. 69)
- Piktogramm „Meetingpoint" (KV 28, S. 70)
- Selbsteinschätzungsbogen (KV 29, S. 71)
- Aufgabenkarte „Gedichtvortrag" (KV 30, S. 72)

Weitere Materialien
- ein Buch mit Ringbindung oder ein Collegeblock als Anschauungsobjekt
- fünf bzw. sechs kleine Holzstaffeleien, auf denen die laminierten Vorlagen ausgestellt werden können
- nach Möglichkeit PCs bzw. Notebooks im Klassenzimmer aufstellen oder, sofern vorhanden, auf einen Computerraum ausweichen
- Bindegerät für Ringbindung
- Binderücken DIN A5 für ein Klassenbuch
- festes farbiges Papier (120 mg), DIN A5
- Wörterbücher

Vorbereitung
- Schreibanleitungen zu den Gedichtformen (KV 16 – 20) nach Anzahl der Schüler kopieren
- Erläuterungen zu den einzelnen Gedichtformen (KV 21–26) als Vorlage jeweils sechsmal ausdrucken und laminieren
- die laminierten Vorlagen auf den fünf bzw. sechs Holzstaffeleien ausstellen; davor liegen die kopierten Anleitungen
- Hilfskarte „Winterwörter" (KV 27) ca. zehnfach kopieren und laminieren
- laminiertes Schild „Meetingpoint" (KV 28) an einer Stelle im Klassenzimmer anbringen
- Selbsteinschätzungsbogen (KV 29) nach Anzahl der Kinder kopieren
- Wörterbücher bereitlegen
- Aufgabenkarte „Gedichtvortrag" (KV 30) ca. zehnfach kopieren und laminieren

---

[3] Als zusätzliches Differenzierungsangebot steht ein Elfchen mit den Originalanweisungen zur Verfügung (KV 23). Es ist für die Kinder schwieriger in der Bearbeitung.

Ablauf

Zieltransparenz: „Du gestaltest ein Gedicht für unser Klassenbuch mit Wintergedichten und veröffentlichst dein Wintergedicht auf der Homepage unserer Schule. Anschließend trägst du dein Gedicht in unserer Klasse vor."

Zu Beginn zeigt die Lehrerin der Klasse ein fertig gebundenes Buch mit Ringbindung, sodass sich die Kinder vorstellen können, wie ein solches Buch aussieht. Sie erläutert ihnen Kindern, dass das Gedichtbuch der Klasse später farbige Seiten bekommt, auf die die schön gestalteten Kindergedichte geklebt werden.

Anschließend erfolgt eine kurze Einführung in den Umgang mit der Gedichtwerkstatt. Die Kinder entscheiden in diesem Zusammenhang selbst, ob sie allein oder mit einem Partner arbeiten wollen.

Die Schüler wählen zunächst eine Gedichtvorlage (KV 16 – 20) aus oder dichten frei. Sie nehmen die Gedichtvorlage und die dazugehörige Schreibanleitung (KV 21 – 26) an ihren Platz. Wer möchte, kann sich zusätzlich die Hilfskarte „Winterwörter" (KV 27) holen. Zur Einschätzung des Schwierigkeitsgrades sind auf den Kopiervorlagen bis zu drei Schneeflocken abgebildet. Je mehr Flocken es sind, desto schwieriger ist die Gedichtform. Die Lehrerin steht als Beraterin zur Verfügung, unterstützt die Kinder und gibt Tipps und Schreibhilfen, sofern erwünscht.

Wer fertig ist, kann noch ein Gedicht zu der bereits gewählten Gedichtform verfassen, sich eine neue Gedichtanleitung nehmen oder gleich mit der Überarbeitung und Gestaltung des Gedichts beginnen.

Für die Überarbeitungsphase bietet sich dann folgende kooperative Lernform an:

Meetingpoint

Bei dieser kooperativen Lernform, die die kommunikative Kompetenz fördert und erweitert, kommen die Kinder zum gegenseitigen Austausch ihrer Ergebnisse zusammen. Treffpunkt ist der sogenannte „Meetingpoint", der durch ein entsprechendes Piktogramm (KV 28) im Klassenraum gekennzeichnet ist. Die Kinder bilden Vierergruppen, gehen dann an einen selbstgewählten Platz und stellen sich gegenseitig ihre Resultate vor. Dabei nehmen sie Rücksicht auf die Kinder, die evtl. noch nicht fertig sind und verhalten sich entsprechend ruhig, sodass niemand gestört wird.

In diesem Fall treffen sich immer zwei Kinder mit der Anleitung und dem selbstverfassten Gedicht am Meetingpoint. Falls die Schüler nicht allein, sondern mit einem Partner gearbeitet haben, bilden sie Dreier- bzw. Vierergruppen. Sie suchen sich einen Platz und tragen sich gegenseitig ihre Gedichte vor, ohne dabei die anderen Kinder zu stören. Anschließend kontrollieren sie mithilfe der Anleitungen, ob die Gedichte richtig verfasst wurden und geben bei Bedarf Verbesserungsvorschläge. Für die rechtschriftliche Überarbeitung stehen ihnen die Hilfskarte „Winterwörter" und ein Wörterbuch zur Verfügung.

Im Anschluss an die Überarbeitung entscheiden die Kinder für sich allein, ob sie ihr Gedicht mit dem Computer oder handschriftlich mit eigenen Verzierungen und Bildern gestalten wollen. Je nach Kenntnisstand der Kinder ist bei der gestalterischen Überarbeitung des Gedichts am Computer die Hilfe der Lehrerin nötig. Die Schüler müssen beispielsweise wissen/lernen, wie man einen Text eintippt, die Schriftart und -größe verändert und wie man Bilder einfügt. Hier können auch Helferkinder eingesetzt werden. Die fertigen Gedichte werden dann farbig ausgedruckt, zurechtgeschnitten und in das Gedichtbuch geklebt. Mit den von Hand geschriebenen und verzierten Gedichten wird ebenso verfahren.

Reflexion

Die Kinder erhalten einen Selbsteinschätzungsbogen (KV 29) zur Gedichtwerkstatt und reflektieren jeweils die persönlich geleistete Arbeit, auch wenn mit einem Partner zusammengearbeitet wurde. Die Lehrerin wertet die Selbsteinschätzungen für sich aus, da diese einerseits interessante Informationen zur Selbstwahrnehmung der Kinder wiedergeben und andererseits aus ihnen ersichtlich wird, ob die Schüler erneut eine Gedichtwerkstatt machen wollen. Es ist wichtig, dass die Lehrerin auch einen Überblick über die Bereiche gewinnt, bei denen die Kinder frei antworten konnten, um besser einschätzen zu können, was bei der zukünftigen Unterrichtsplanung zusätzlich beachtet werden kann bzw. muss.

Festigung

Zur Festigung der Ergebnisse heften die Kinder alle ihre Gedichtentwürfe bzw. schön gestalteten Gedichte sowie den Selbsteinschätzungsbogen in ihr Portfolio.

Präsentation

Am Ende der Einheit werden die Ergebnisse präsentiert. Die Aufgabenkarte zum Gedichtvortrag (KV 30) gibt den Kindern dazu hilfreiche Anregungen.

Die Schüler üben den Vortrag ihrer Gedichte allein oder mit einem Partner. Sie achten dabei auf einen deutlichen und betonten Vortrag. Sie überlegen passende Gesten, mit denen sie die Wörter bzw. Sätze in ihren Gedichten untermalen können. Anschließend tragen sie ihre Gedichte der Klasse, den Eltern oder im Rahmen einer Adventsfeier vor.

Das Gedichtbuch liegt ebenfalls in der Klasse aus, sodass es sich jeder ansehen und darin lesen kann. Besonders schön ist es natürlich, wenn jedes Kind am Ende sein eigenes Exemplar mit sämtlichen Gedichten, kopiert und gebunden, erhält. Da dies jedoch mit einem entsprechenden Zeit- und Materialaufwand verbunden ist, kann dies sicherlich nicht immer umgesetzt werden.

Ein weiteres Veröffentlichungsforum stellt die Schulhomepage dar. In diesem Fall muss die Lehrerin allerdings zuvor die Kinder fragen, ob sie der Veröffentlichung ihrer Gedichte zustimmen.

Ein Akrostichon schreiben

Der Bauplan hilft dir.

Schreibe die Anfangsbuchstaben deines Winterwortes in die Kästchen.

Ein Akrostichon schreiben

Der Bauplan hilft dir.

Schreibe die Anfangsbuchstaben deines Winterwortes in die Kästchen.

KV 17

Ein Avenida schreiben

Der Bauplan hilft dir.

_____

_____ und _____

_____

_____ und _____

_____

_____ und _____

_____ und _____ und _____

_____

Ein Avenida schreiben

Der Bauplan hilft dir.

_____

_____ und _____

_____

_____ und _____

_____

_____ und _____

_____ und _____ und _____

_____

Ein Elfchen schreiben

Der Bauplan hilft dir.

_____

_____   _____

_____   _____   _____

_____   _____   _____   _____

_____

Ein Elfchen schreiben

Der Bauplan hilft dir.

_____

_____   _____

_____   _____   _____

_____   _____   _____   _____

_____

KV 19

Ein Rondell schreiben

Die Zeichen helfen dir.

▲ _____

★ _____

○ _____

▲ _____

○ _____

○ _____

▲ _____

★ _____

Ein Rondell schreiben

Die Zeichen helfen dir.

▲ _____

★ _____

○ _____

▲ _____

○ _____

○ _____

▲ _____

★ _____

KV 20

Ein Haiku schreiben

Der Bauplan mit den Silben hilft dir.

Ein Haiku schreiben

Der Bauplan mit den Silben hilft dir.

Ein Akrostichon schreiben

Ein Akrostichon ist ein Gedicht, in dem du ein Wort
senkrecht von oben nach unten schreibst.
Jeder Buchstabe des Wortes ist der Anfangsbuchstabe
eines eigenen Wortes oder eines Satzes.
Das Wort oder der Satz müssen zum gewählten Thema passen.

So geht es:

1. Suche dir ein Winterwort aus.

2. Schreibe die Buchstaben senkrecht untereinander.

3. Überlege dir Wörter oder Sätze zu den Buchstaben.

Akrostichon mit Wörtern:

W ollsocken
I glu
N ase läuft
T annenzweig
E iszapfen
R odeln

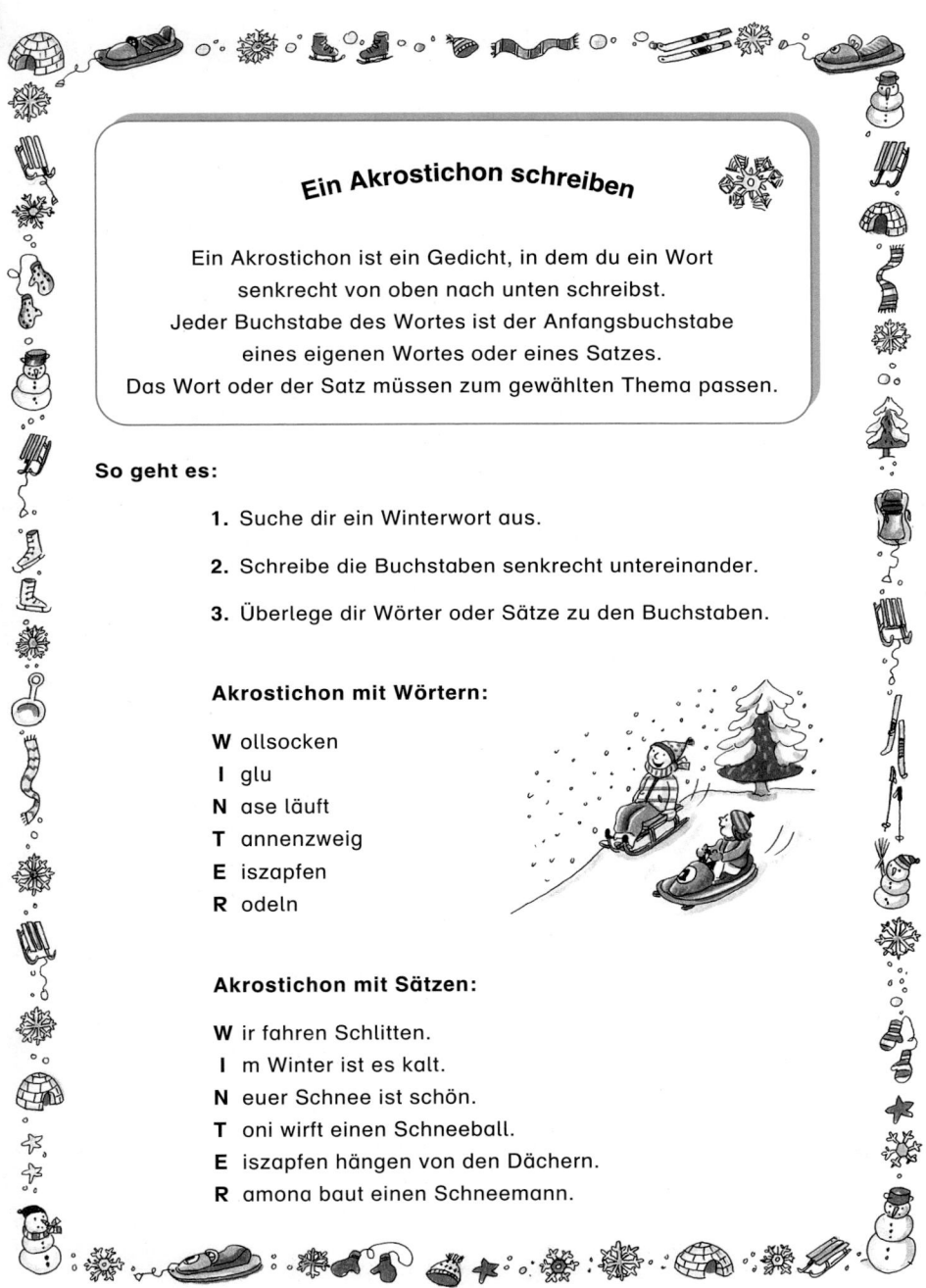

Akrostichon mit Sätzen:

W ir fahren Schlitten.
I m Winter ist es kalt.
N euer Schnee ist schön.
T oni wirft einen Schneeball.
E iszapfen hängen von den Dächern.
R amona baut einen Schneemann.

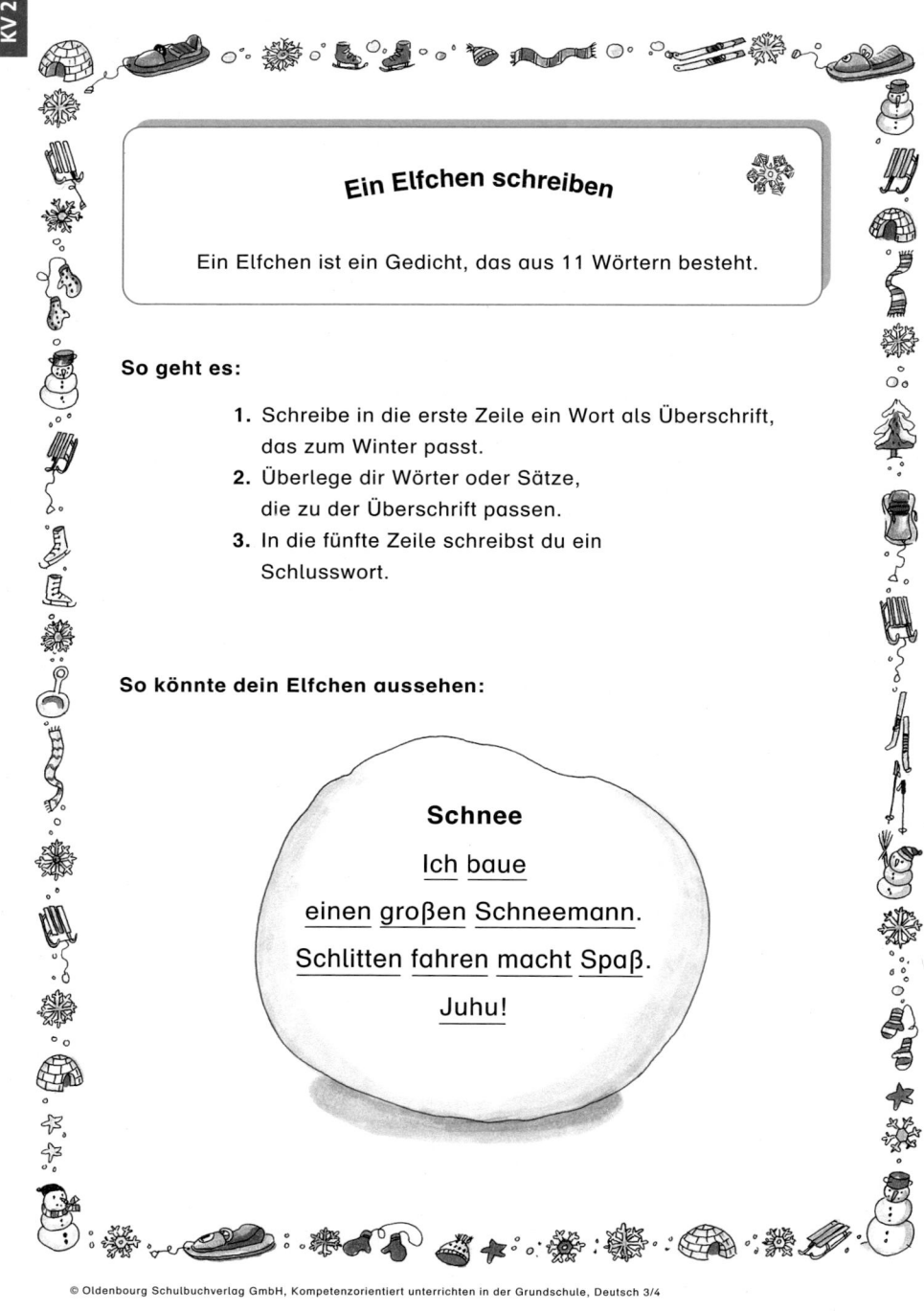

Ein Elfchen schreiben

Ein Elfchen ist ein Gedicht, das aus 11 Wörtern besteht.

So geht es:

1. Schreibe in die erste Zeile ein Wort als Überschrift, das zum Winter passt.
2. Überlege dir Wörter oder Sätze, die zu der Überschrift passen.
3. In die fünfte Zeile schreibst du ein Schlusswort.

So könnte dein Elfchen aussehen:

Schnee

Ich baue

einen großen Schneemann.

Schlitten fahren macht Spaß.

Juhu!

Ein Elfchen schreiben

Ein Elfchen ist ein Gedicht, das aus 11 Wörtern besteht.

So geht es:

1. Schreibe in die erste Zeile ein Wort,
   das zum Winter passt.
2. In die zweite Zeile schreibst du zwei Adjektive,
   die zum Winter passen.
   Frage dich: Wie ist es im Winter?
3. In die dritte Zeile kommen drei Verben,
   die zum Winter passen.
   Frage dich: Was mache ich im Winter?
4. In die vierte Zeile schreibst du, was dir sonst
   noch zum Winter einfällt.
   Es müssen genau vier Wörter sein. Du kannst aus
   diesen Wörtern auch einen kurzen Satz bilden.
5. In die fünfte Zeile schreibst du ein Wort,
   wie du den Winter findest.

So könnte dein Elfchen aussehen:

Winter

kalt   dunkel

rodeln   frieren   schneien

Ski fahren macht Spaß

toll

KV 24

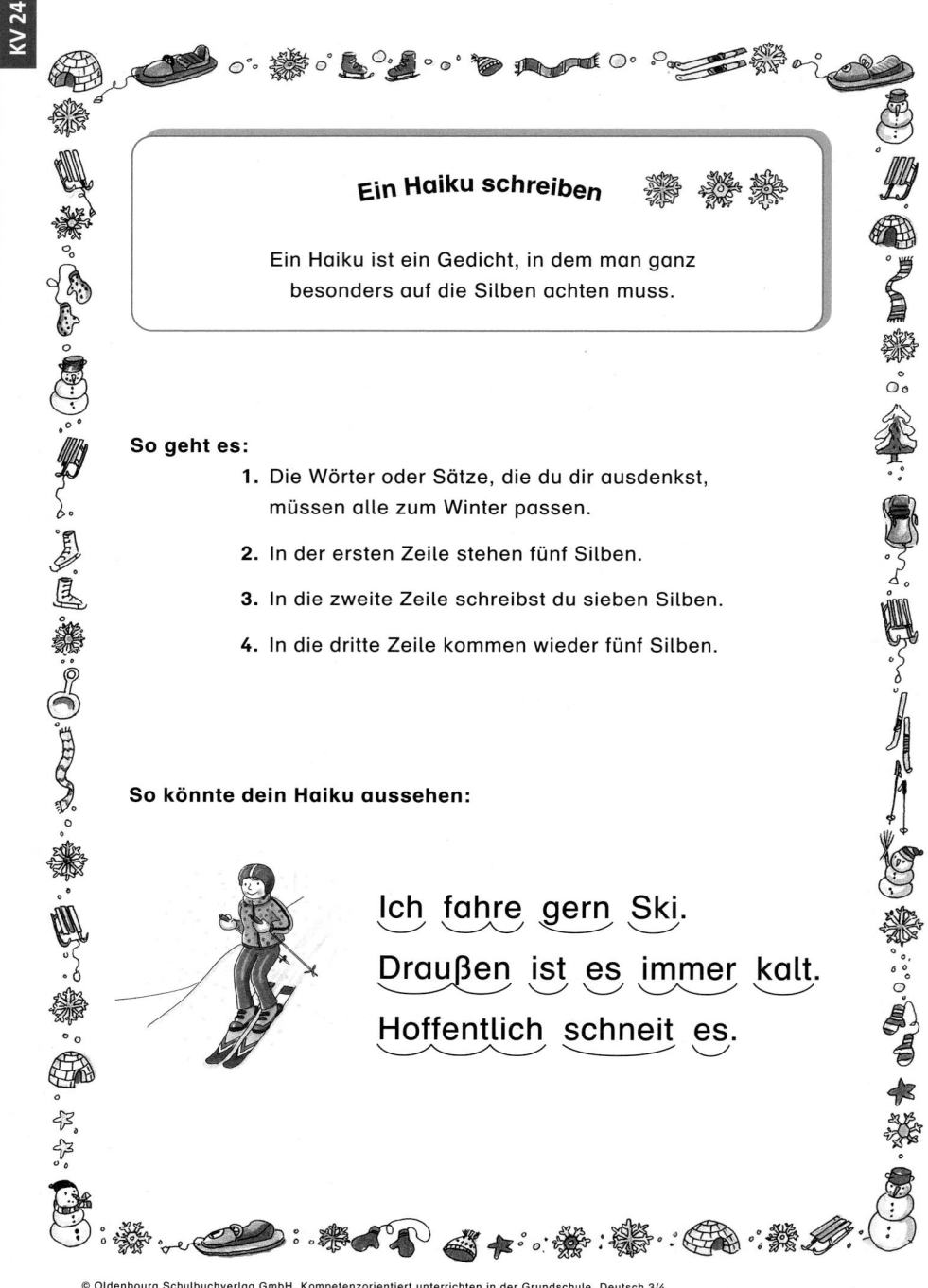

Ein Haiku schreiben

Ein Haiku ist ein Gedicht, in dem man ganz besonders auf die Silben achten muss.

So geht es:

1. Die Wörter oder Sätze, die du dir ausdenkst, müssen alle zum Winter passen.

2. In der ersten Zeile stehen fünf Silben.

3. In die zweite Zeile schreibst du sieben Silben.

4. In die dritte Zeile kommen wieder fünf Silben.

So könnte dein Haiku aussehen:

Ich fahre gern Ski.

Draußen ist es immer kalt.

Hoffentlich schneit es.

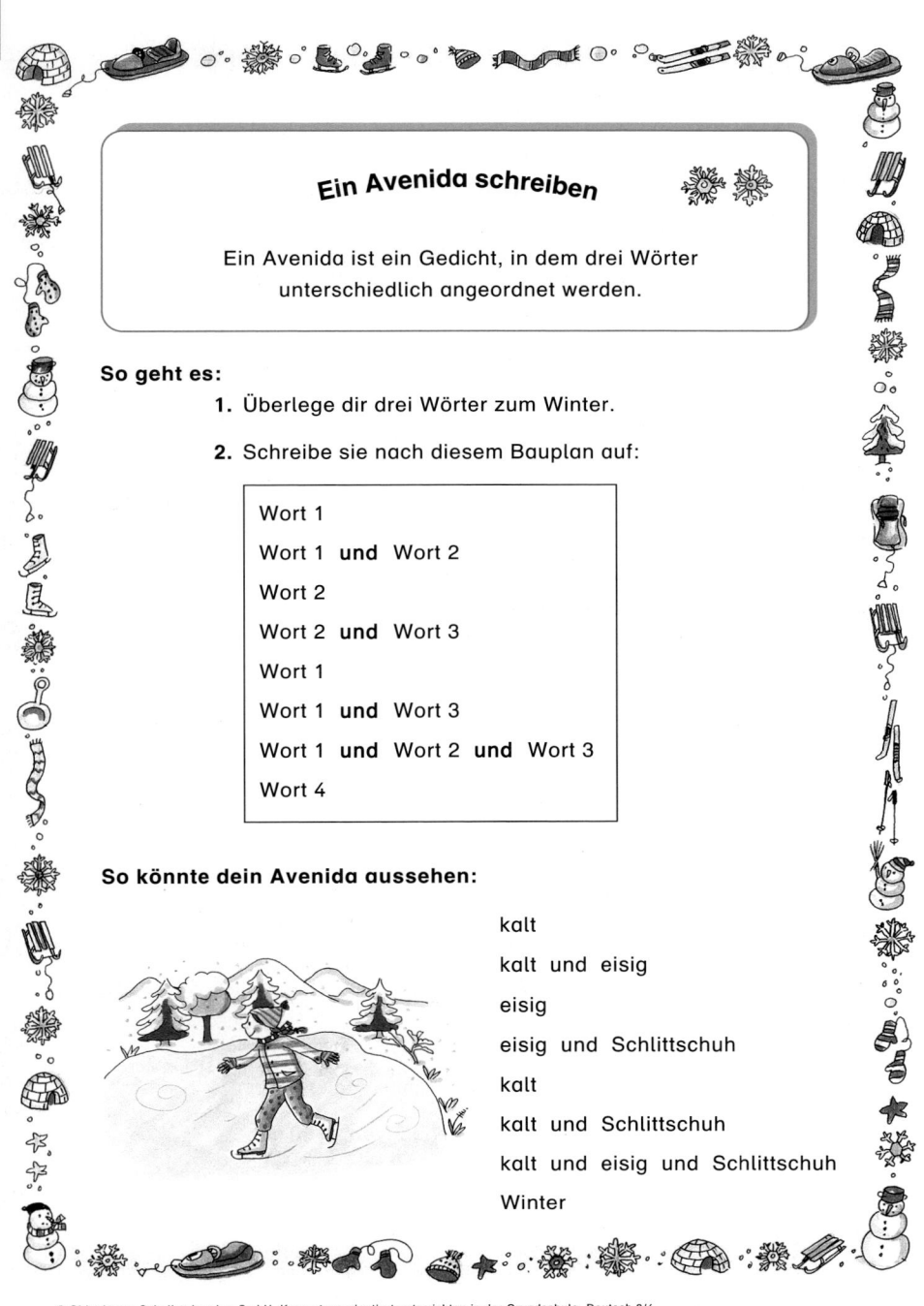

KV 25

Ein Avenida schreiben

Ein Avenida ist ein Gedicht, in dem drei Wörter unterschiedlich angeordnet werden.

So geht es:

1. Überlege dir drei Wörter zum Winter.

2. Schreibe sie nach diesem Bauplan auf:

> Wort 1
> Wort 1 **und** Wort 2
> Wort 2
> Wort 2 **und** Wort 3
> Wort 1
> Wort 1 **und** Wort 3
> Wort 1 **und** Wort 2 **und** Wort 3
> Wort 4

So könnte dein Avenida aussehen:

kalt

kalt und eisig

eisig

eisig und Schlittschuh

kalt

kalt und Schlittschuh

kalt und eisig und Schlittschuh

Winter

KV 26

Ein Rondell schreiben

Ein Rondell ist ein Gedicht, das aus acht Zeilen besteht.
Manche Zeilen wiederholen sich dabei immer.
Die Zeilen 1, 4 und 7 sind gleich.
Ebenso sind die Zeilen 2 und 8 gleich.
In die Zeilen 3, 5 und 6 kommt ein Satz, der zu den übrigen passt.

So geht es:

1. Schreibe einen Satz zum Winter, der dir gefällt, in die erste Zeile.
   Diesen Satz schreibst du auch in die vierte und die siebte Zeile.

2. Lies dir die erste Zeile noch einmal durch.
   Was fällt dir dazu noch ein?
   Diesen Satz schreibst du in die zweite und in die achte Zeile.

3. Welche Idee hast du noch zum Winter?
   Diesen Satz schreibst du in die dritte, fünfte und sechste Zeile.

So könnte dein Rondell aussehen:

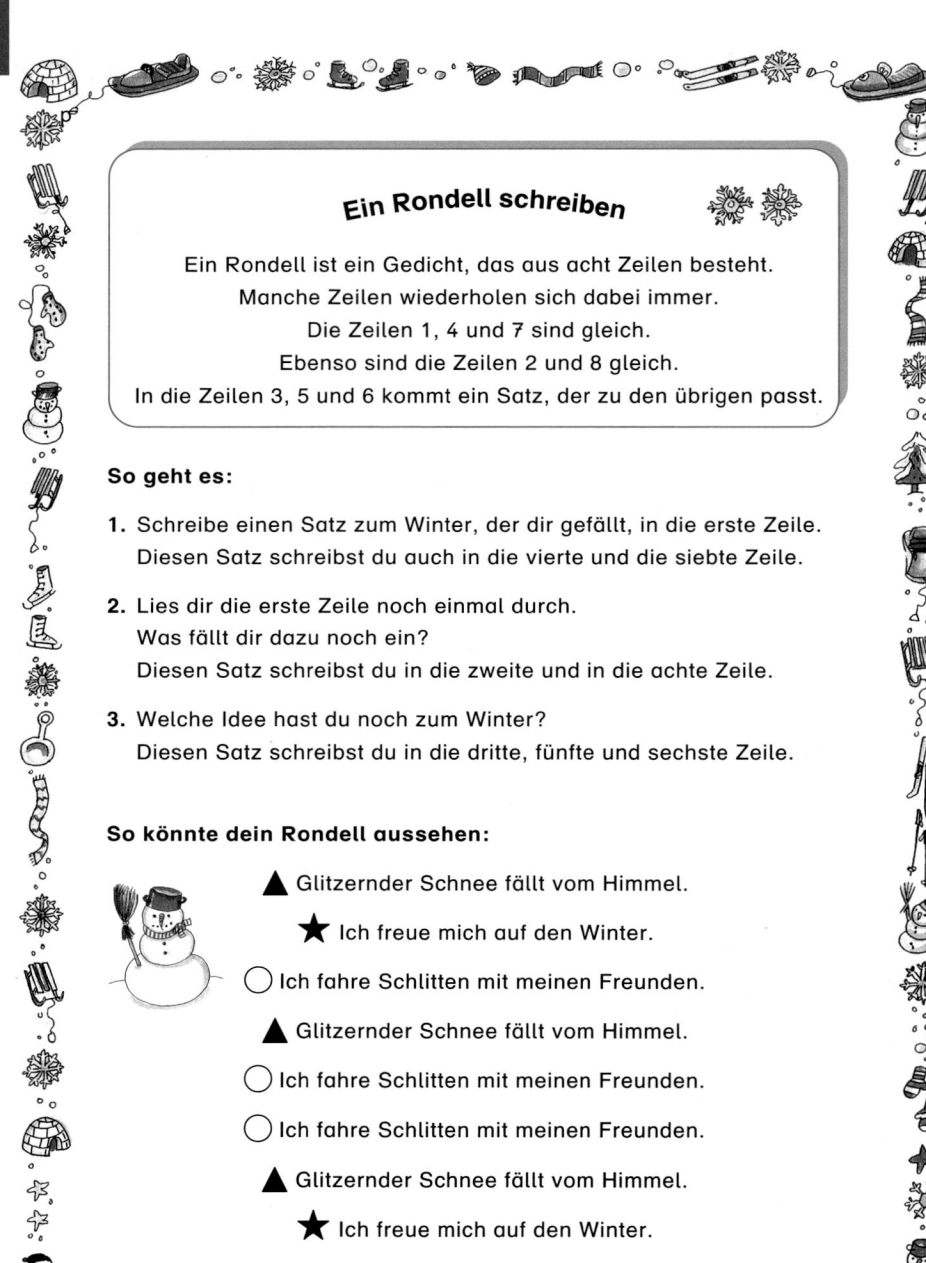

▲ Glitzernder Schnee fällt vom Himmel.

★ Ich freue mich auf den Winter.

◯ Ich fahre Schlitten mit meinen Freunden.

▲ Glitzernder Schnee fällt vom Himmel.

◯ Ich fahre Schlitten mit meinen Freunden.

◯ Ich fahre Schlitten mit meinen Freunden.

▲ Glitzernder Schnee fällt vom Himmel.

★ Ich freue mich auf den Winter.

KV 27

Winterwörter

Diese Wörter kannst du für deine Gedichte brauchen:

Schnee	rodeln	Eiskristall
Schneemann	rutschen	Eisbahn
Schneeball	bauen	Eisläufer
Schneeflocke	werfen	eisig
Schlittschuh laufen	Iglu	eiskalt
Schlitten fahren	kalt	See
Ski fahren	Kälte	zugefroren
Skifahrer	Eis	frieren
schneien	Eiszapfen	

Winterwörter

Diese Wörter kannst du für deine Gedichte brauchen:

Schnee	rodeln	Eiskristall
Schneemann	rutschen	Eisbahn
Schneeball	bauen	Eisläufer
Schneeflocke	werfen	eisig
Schlittschuh laufen	Iglu	eiskalt
Schlitten fahren	kalt	See
Ski fahren	Kälte	zugefroren
Skifahrer	Eis	frieren
schneien	Eiszapfen	

KV 28

Meetingpoint – Chat point – Piktogramm

KV 29

Name: _____ Datum: _____

So schätze ich mich ein: Gedichtewerkstatt-Winter ❄ ❄

[ ] Ich habe allein gearbeitet.   [ ] Ich habe mit einem Partner gearbeitet.

Kreuze bitte an, was auf dich zutrifft.	☺☺	☺	☹	☹☹
Ich habe die Anleitung für mein Gedicht gelesen und verstanden.				
Ich konnte mein Gedicht schreiben.				
Die Rechtschreibkontrolle ist mir gelungen.				
Mir hat es gefallen, das Gedicht zu gestalten.				
Ich würde gerne wieder einmal eine Gedichtewerkstatt zu einem anderen Thema machen.				

Diese Aufgabe war für mich am leichtesten, weil ...

_____

_____

Diese Aufgabe fiel mir am schwersten, weil ...

_____

_____

Das wollte ich noch sagen:

_____

_____

Tipps für deinen Gedichtvortrag

So geht es:

➢ Überlege dir, welche Wörter du betonen möchtest.

➢ Entscheide dich, wie du am besten sprichst:
hoch oder tief, traurig oder fröhlich, laut oder leise.

➢ Sprich langsam und deutlich.

➢ Trage jemandem dein Gedicht zur Probe vor.

➢ Sieh beim Vortrag die Zuhörer an.

Tipps für deinen Gedichtvortrag

So geht es:

➢ Überlege dir, welche Wörter du betonen möchtest.

➢ Entscheide dich, wie du am besten sprichst:
hoch oder tief, traurig oder fröhlich, laut oder leise.

➢ Sprich langsam und deutlich.

➢ Trage jemandem dein Gedicht zur Probe vor.

➢ Sieh beim Vortrag die Zuhörer an.

2.3 Texte schreiben: Gemeinsam eine Geschichte schreiben

Kompetenzen

Dieses Unterrichtsbeispiel ist als Basismodell zu verstehen. In seiner jetzigen Form ist es ohne besondere Vorkenntnisse der Schüler zum Geschichten schreiben einsetzbar. Es kann aber durch die Aufnahme unterschiedlicher Textsorten sowie durch die Vorgabe inhaltlicher und sprachlicher Gestaltungsmittel beliebig ausgebaut werden. In diesem Zusammenhang ist es hilfreich, wenn die Kinder dazu Tippkarten bekommen oder ihren Werkzeugkasten (vgl. S. 130/136) verwenden. Die entstandenen Geschichten können als Grundlage für die weitere Unterrichtsplanung dienen.

Die Überarbeitung der entstandenen Texte (vgl. auch Texte überarbeiten, S. 86 ff.) gehört zu der Gesamtsequenz dazu, wird hier jedoch nicht eigens thematisiert, da der Schwerpunkt auf dem gemeinsamen Schreiben liegt. Die Schüler verfassen in Vierergruppen eine Geschichte und können so auf einen größeren Ideenfundus zurückgreifen. Kinder, die Schwierigkeiten haben, ihre Gedanken auszudrücken oder Sätze zu formulieren, werden durch die Gruppe unterstützt. Jedes Kind soll mit seinen individuellen Lernvoraussetzungen einen Gruppenbeitrag leisten und die Gruppe insgesamt das vorgegebene Ziel erreichen.

Folgende (z. T. bereichsübergreifende) Kompetenzen können mit diesem Unterrichtsbeispiel erreicht werden:

- sprachliche und gestalterische Mittel und Ideen sammeln (Bereich „Schreiben – Texte verfassen: Texte planen"),
- verständlich, strukturiert, adressaten- und funktionsgerecht schreiben: Erlebtes und Erfundenes (Bereich „Schreiben – Texte verfassen: Texte schreiben"),
- nach Anregungen (Texte, Bilder) eigene Texte schreiben (Bereich „Schreiben – Texte verfassen: Texte schreiben"),
- an der gesprochenen Standardsprache orientiert und artikuliert sprechen (Bereich „Sprechen und Zuhören: Zu anderen sprechen"),
- Inhalte zuhörend verstehen (Bereich „Sprechen und Zuhören: Verstehend zuhören"),
- Geschichten vortragen (Bereich „Lesen – mit Texten und Medien umgehen: Texte präsentieren"),
- Wirkungen der Redeweise kennen und beachten (Bereich „Sprechen und Zuhören: Zu anderen sprechen")

Hinweise zum Unterricht

Materialien auf CD-ROM ⊚
- Rollenkarten (KV 31, S. 78)
- Placemat (KV 32, S. 79)
- Bilder als Schreibanlässe (KV 33, Auszug auf S. 80)
- Ideenkarten als Schreibanlässe (KV 34, S. 81)
- Textanfänge als Schreibanlässe (KV 35, S. 82)
- Aufgabenkarte zum Geschichtenaufbau (KV 36, S. 83)
- Zielscheibe zur Gruppenevaluation (KV 37, S. 84)
- Aufgabenkarte „Geschichtenvortrag" (KV 38, S. 85)
- Werkzeugkasten (KV 71, S. 136; alternativ)

Weitere Materialien
- Wörterbücher (alternativ)
- Umschlag für Schreibanregungen
- Klebepunkte
- akustisches Signal (Klangschale o. Ä.)

Vorbereitung
- pro Gruppe die vier Rollenkarten „Leser", „Schreiber", „Flüsterstimmenchef" und „Themenkontrolle" (KV 31) kopieren und laminieren
- pro Gruppe ein Placemat (KV 32) auf DIN A3 vergrößert kopieren
- Bilder (KV 33) nach Anzahl der Gruppen kopieren und laminieren
- Ideenkarten (KV 34) nach Anzahl der Gruppen kopieren und laminieren
- Textanfänge (KV 35) nach Anzahl der Gruppen kopieren und laminieren
- Aufgabenkarten zu Einleitung, Hauptteil und Schluss (KV 36) nach Anzahl der Gruppen kopieren und laminieren (alternativ)
- pro Gruppe eine Zielscheibe zur Reflexion (KV 37)
- Aufgabenkarte zum Vorlesen von Geschichten (KV 38) nach Anzahl der Gruppen kopieren und laminieren
- pro Gruppe einen Umschlag vorbereiten, in dem sich die Schreibanregungen befinden
- pro Gruppenmitglied drei Klebepunkte zur Reflexion bereithalten
- ausgedruckte Geschichten der Kinder, pro Gruppenmitglied zwei Exemplare anfertigen

Ablauf
Zieltransparenz: „Heute schreibst du zusammen mit deinen Gruppenpartnern eine Geschichte."

Zunächst werden die Kinder in Vierergruppen aufgeteilt. Zur Gruppenfindung kann die Lehrerin beispielsweise Gummibärchen einsetzen (siehe S. 39). Auf diese Weise ergibt sich eine zufällige Gruppenzusammensetzung. Falls dies seitens der Lehrerin nicht erwünscht ist, kann sie die Bärchen – möglichst unauffällig – gezielt an die Kinder verteilen.

Im nächsten Schritt werden bestimmte Rollen mithilfe entsprechender Kärtchen (KV 31) verteilt, sodass jedes Kind aktiv in den Gruppenprozess eingebunden ist. Bei dieser Arbeitsweise handelt es sich wieder um eine kooperative Lernform, die im Folgenden näher erläutert wird.

---

i **Rollenkarten für die Gruppenarbeit**

Um alle Kinder aktiv in den Gruppenprozess einzubeziehen, erhält jedes Gruppenmitglied ein Kärtchen. Zu besetzen sind z. B. die Rollen „Schreiber" und „Leser" (fachliche Rollen) sowie „Flüsterstimmenchef" und „Themakontrolle" (soziale Rollen). An der Stelle ist es möglich, die Kinder ihren individuellen Lernvoraussetzungen entsprechend eine bestimmte Rolle zuzuweisen oder aber den Zufall entscheiden zu lassen, indem die Kinder verdeckt ein Kärtchen ziehen. Zu den einzelnen Rollen: Der Leser trägt Arbeitsanweisungen und Informationen vor. Der Schreiber hat die Aufgabe, die Schreibarbeiten zu übernehmen. Die Gruppe hilft ihm bei Formulierungen und der Rechtschreibung. Der Flüsterstimmenchef achtet darauf, dass die Gruppe die Flüsterlautstärke nicht überschreitet. Die Themakontrolle ist dafür zuständig, dass die Gruppenmitglieder nicht vom Thema abschweifen. Selbstverständlich sind auch weitere Rollen denkbar.

In der Tischmitte befinden sich ein Placemat (KV 32; Erläuterungen auf S. 23) sowie ein Umschlag mit den verschiedenen Schreibanregungen (Bilder, Ideenkarten, Textanfänge). Die Gruppe kann diese Vorlagen (KV 33–35) verwenden oder eine eigene Thematik wählen bzw. zu Stichwörtern schreiben, die sie sich selbst überlegen, z. B. Ritter, Schatz, Burg usw.

Nachdem sich die Gruppe für ein Geschichtenthema entschieden hat, notiert jedes Kind einzeln in seinem Bereich des Placemats seine Ideen. Sind alle fertig, trägt der Leser die Ideen vor. Die Gruppenmitglieder einigen sich, welche Vorschläge in die gemeinsame Geschichte aufgenommen werden sollen. Diese notiert der Schreiber in der Mitte des Placemats. Die Themakontrolle achtet zum einen darauf, dass die Gruppe zielgerichtet arbeitet und nicht abschweift, zum anderen überprüft sie, ob die Ideen auch wirklich zum Geschichtenthema passen.

Wenn die Lehrerin möchte, dass die Kinder beim Verfassen ihrer Geschichte gleichzeitig auf einen schlüssigen Geschichtenaufbau achten, kann sie den Gruppen an dieser Stelle die Aufgabenkarten (KV 36) austeilen. Der Leser trägt die Informationen vor. Beim Ausarbeiten der Geschichte berücksichtigen die Kinder die Dreiteilung in Einleitung, Hauptteil und Schluss. Die Gruppen, die einen Textanfang als Schreibanlass gewählt haben, müssen nicht eine neue Einleitung schreiben, sondern können gleich mit dem Hauptteil starten.

Die Kinder tauschen nun ihre Ideen mithilfe der „Schreibkette", einer weiteren kooperativen Lernform, aus.

Schreibkette
Die Gruppenmitglieder vereinbaren eine verbindliche Reihenfolge. Wer an der Reihe ist, formuliert laut und deutlich einen Satz und darf von den anderen nicht unterbrochen werden. Anschließend geben die übrigen Teammitglieder eine Rückmeldung zu dem Satz und unterstützen das Kind ggf. bezüglich des Wortschatzes und des Satzbaus. Dabei ist ein wertschätzender, kooperativer Umgang miteinander sehr wichtig. Der Schreiber notiert abschließend den endgültigen Satz.

Um den Druck von leistungsschwächeren Schülern zu nehmen, besteht die Möglichkeit, dass jedes Kind drei Mal „passen" darf, also seinen Sprechpart bei Bedarf weitergibt. (Bochmann/Kirchmann 2008, S. 61)

Je nachdem, welche inhaltlichen und sprachlichen Gestaltungsmittel bereits erarbeitet wurden, integrieren die Schüler diese in ihre Geschichte. Sie können jederzeit Wörterbücher und ihren Werkzeugkasten (vgl. S. 130) verwenden.

Reflexion
Jedes Gruppenmitglied reflektiert die Zusammenarbeit unter sozialen und sachlichen Gesichtspunkten. Die ausgewählten Aspekte stehen in den Ringen der Zielscheibe (KV 37). Jedes Kind der Gruppe bekommt drei Klebepunkte, die es den Aussagen zuordnet, die seiner Meinung nach in der Gruppenarbeit am besten erfüllt wurden. (Bochmann/Kirchmann 2008, S. 137)

Festigung
Die Lehrerin tippt die fertigen Geschichten rechtschriftlich bereinigt in den Computer und druckt für jedes Gruppenmitglied zwei Exemplare aus. Ein Exemplar wird von jedem Kind in sein Portfolio geheftet. Das andere Exemplar dient als Vorlage für den Geschichtenvortrag bei der Präsentation.

Präsentation

Die Gruppenmitglieder üben den gestalteten Textvortrag mithilfe der Aufgabenkarte (KV 38) und entscheiden selbst, wie viele Vorleser es geben soll. Sie verwenden ihre ausgedruckten Geschichtenexemplare, um im Text Wörter, die betont werden sollen, zu markieren und um die Stimmlage neben dem Text aufzuschreiben. Dann lesen sie sich ihre Sätze oder Textpassagen gegenseitig vor und überprüfen, ob die Tipps zum Vorlesen umgesetzt wurden. Die Kinder können zusätzlich auch der Lehrerin ihre Geschichte als „Generalprobe" vorlesen.

Als nächstes trifft sich die Klasse im Stuhlkreis, die Gruppenmitglieder sitzen nebeneinander. Die Lehrerin lässt ein akustisches Signal ertönen. Danach liest die erste Gruppe ihre Geschichte vor. Die Geschichte und der Vortrag werden mit Applaus gewürdigt. Anschließend ertönt das Klangspiel erneut und der Vorgang wiederholt sich, bis alle Gruppen an der Reihe waren.

Wer möchte, kann nun eine Phase ergänzen, in der die Kinder gegenseitig konstruktive Kritik äußern können. Dies setzt natürlich voraus, dass in der Klasse bereits eine ermutigende „Lernsprechkultur" (s. S. 38) gepflegt wird. An diese Art der Kommunikation müssen sich die Kinder erst gewöhnen, d. h. sie müssen auch die Gelegenheit erhalten, sie zu üben.

Nach dem Geschichtenvortrag darf jedes Gruppenmitglied ein Kind auswählen, das sich zu der gehörten Geschichte äußert. Wenn negative Kritik geübt wird, muss dies in Form eines Verbesserungsvorschlags geschehen, z. B. „Eure Geschichte wird schöner, wenn die Personen sprechen."

Mögliche Anschlussaufgaben

Basierend auf den Geschichten können die Kinder neue inhaltliche und sprachliche Gestaltungsmittel erarbeiten, z. B. Wortfeld „sagen" oder „Wie drücke ich Angst in Geschichten spannend aus?"

Die Kinder können außerdem abschließend eigene Geschichten verfassen.

KV 31

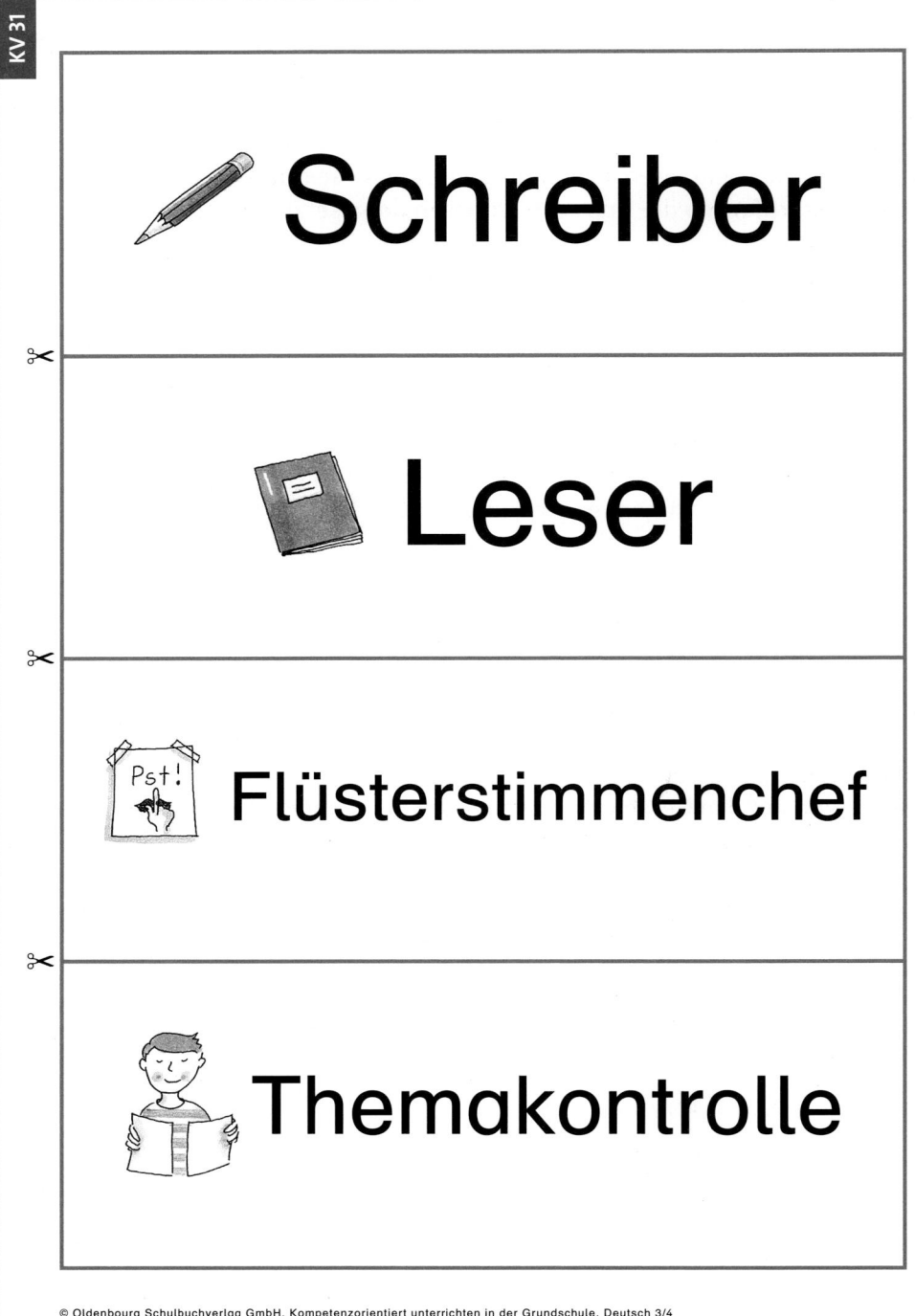

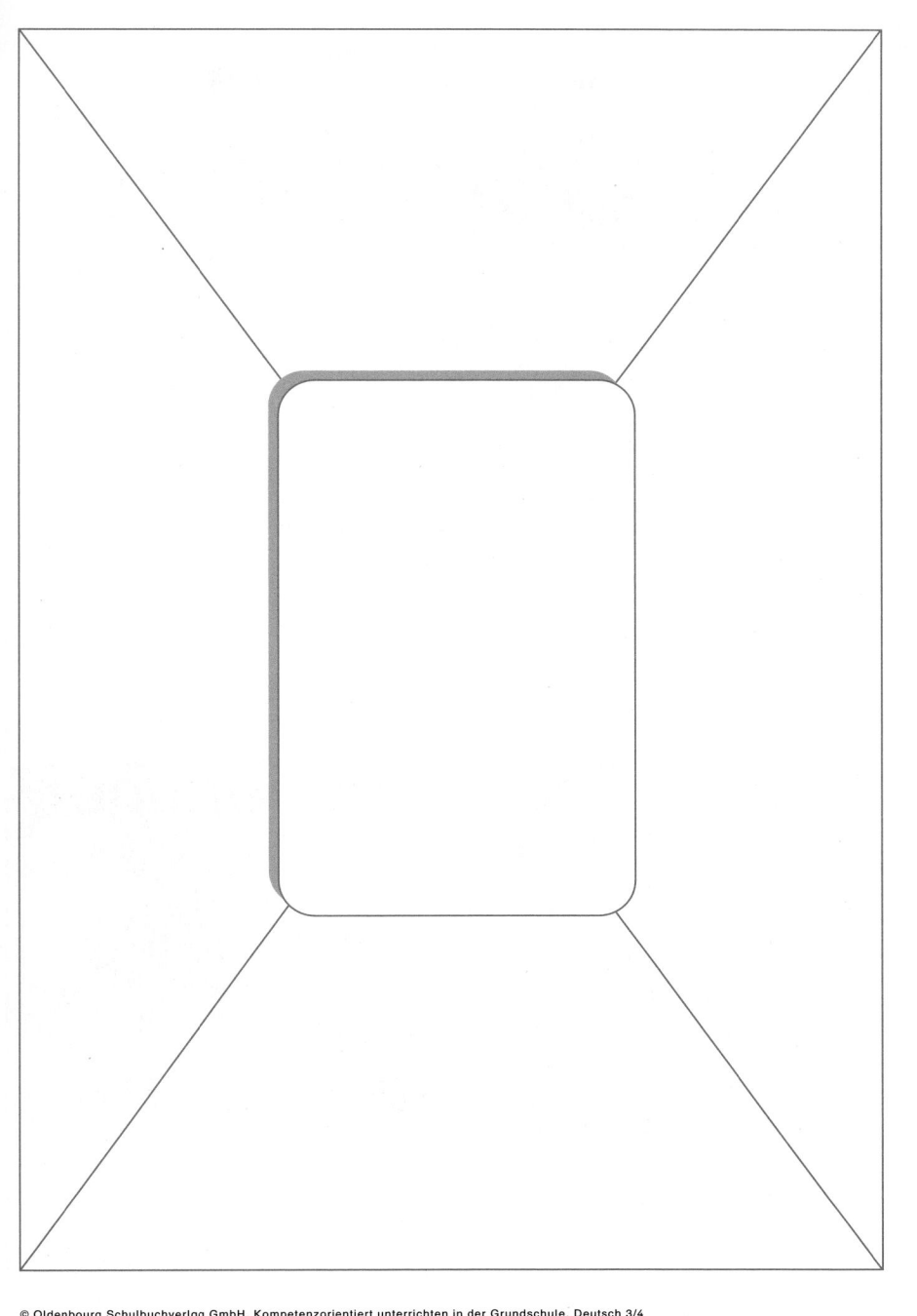

Bilder als Schreibanlässe

Fantasiegeschichte

KV 34

Karten mit Schreibideen

Schließe deine Augen.

Stelle dir etwas Spannendes vor.

Erzähle deinen Gruppenmitgliedern kurz deine Gedanken.

Entscheidet euch für eine Geschichte.

| Ideenkarte 1 |

Hast du etwas Aufregendes erlebt?

Stelle es dir noch einmal mit geschlossenen Augen vor.

Erzähle deiner Lerngruppe, was du erlebt hast.

Entscheidet euch für ein Erlebnis.

| Ideenkarte 2 |

Was für ein Erlebnis aus den letzten Ferien könntest du erzählen? Erzähle es kurz deinen Partnern.

Entscheidet euch für ein Erlebnis.

| Ideenkarte 3 |

Über Ausflüge kann man gut Geschichten schreiben.

Beispiele:

Ausflug in die Berge   Ausflug in den Zoo   Eine Wanderung

Ausflug ins Hallenbad oder Freibad   Ausflug zu einer Burg

Erzählt kurz der Reihe nach, was euch zu einem der Ausflüge einfällt oder erzählt von einem eigenen Ausflug.

Entscheidet euch für ein Erlebnis bei einem Ausflug.

| Ideenkarte 4 |

Textanfänge als Schreibanlässe

Fantasiegeschichte:

Gestern saß Marco vor seinem Computer und spielte sein Lieblingscomputer-spiel. Gerade landete auf dem Bildschirm ein Raumschiff und öffnete sein Einstiegstor. Marco spürte, wie er plötzlich schrumpfte und schrumpfte. Er wurde in den Bildschirm hineingezogen und kletterte dort in das Raumschiff. Schnell schloss sich das Tor und das Raumschiff hob ab. ...

Siri lag am Sonntagnachmittag am Ufer eines kleinen, abgelegenen Wald-sees. Hier war es furchtbar langweilig. Für Kinder gab es hier nichts Spannendes. Ihre Eltern schwammen schon ewig im See, obwohl das Wasser eiskalt war. Siri gähnte. Wenn sie doch nur ein aufregendes Aben-teuer erleben könnte! Auf einmal zerrte und zupfte es an ihren Füßen und sie rutschte in Richtung See, schneller, immer schneller. Siri schrak hoch und entdeckte viele kleine Männchen mit Beinen und Flossen. Die Männchen zogen sie vorsichtig in den See und verschwanden mit ihr in der Unterwasserwelt. ...

Erlebnisgeschichte:

Lars und seine Schwester Laura machten in den Sommerferien Urlaub auf einem Bauernhof auf dem Land. Die beiden Kinder freuten sich, weil sie dort auf der Wiese in ihrem Zelt übernachten durften. Sie kuschelten sich in ihre Schlafsäcke und schliefen bald ein. Am nächsten Morgen öffneten sie den Reißverschluss am Zelteingang, sahen hinaus und bekamen einen großen Schreck. ...

Letzten Samstag stieg Nina die Treppe zum Speicher hinauf, weil sie für die Theateraufführung in der Schule ein Kostüm suchen wollte. Auf dem Speicher stand eine große Truhe mit uralten Kleidern, die keiner mehr brauchte. Als sie sich über die Truhe beugte und den Deckel öffnete, hörte sie hinter sich plötzlich ein unheimliches Geräusch. ...

Einleitung

Der erste Teil einer Geschichte heißt **Einleitung**.

Hier ist es eure Aufgabe, zu den **W-Fragen** in ganzen Sätzen zu erzählen.

Wer ? • Gebt den Personen Namen.

Wann spielt die Geschichte **?** • An einem schönen Sonntagnachmittag ...

Wo spielt die Geschichte **?** • im Wald/auf dem Spielplatz/auf einer Burg/ im Weltall ...

Was geschieht **?** • Schreibt nur kurz, was die Personen machen: im Wald verstecken spielen/zum Spielplatz gehen/zu einer Burg wandern/ auf dem Planeten Möxi landen ...

Achtung: Falls ihr euch einen Textanfang zum Weiterschreiben ausgesucht habt, müsst ihr keine Einleitung mehr schreiben. Ihr könnt gleich beim Hauptteil weitermachen.

Hauptteil

Nach der Einleitung kommt der **Hauptteil**. Er muss ausführlich sein.

Erzählt <u>ein Erlebnis</u> und nicht mehrere.

Was passiert genau?

Wie geschieht alles?

Lasst im Hauptteil die Personen denken, sprechen und fühlen.

Schluss

Der **Schluss** rundet die Geschichte ab.

Schreibt ein oder zwei Sätze, die genau zum Hauptteil passen und aus der Geschichte herausführen.

KV 37 Zielscheibe zur Gruppenreflexion: Bitte für die Gruppenarbeit auf A3 vergrößern.

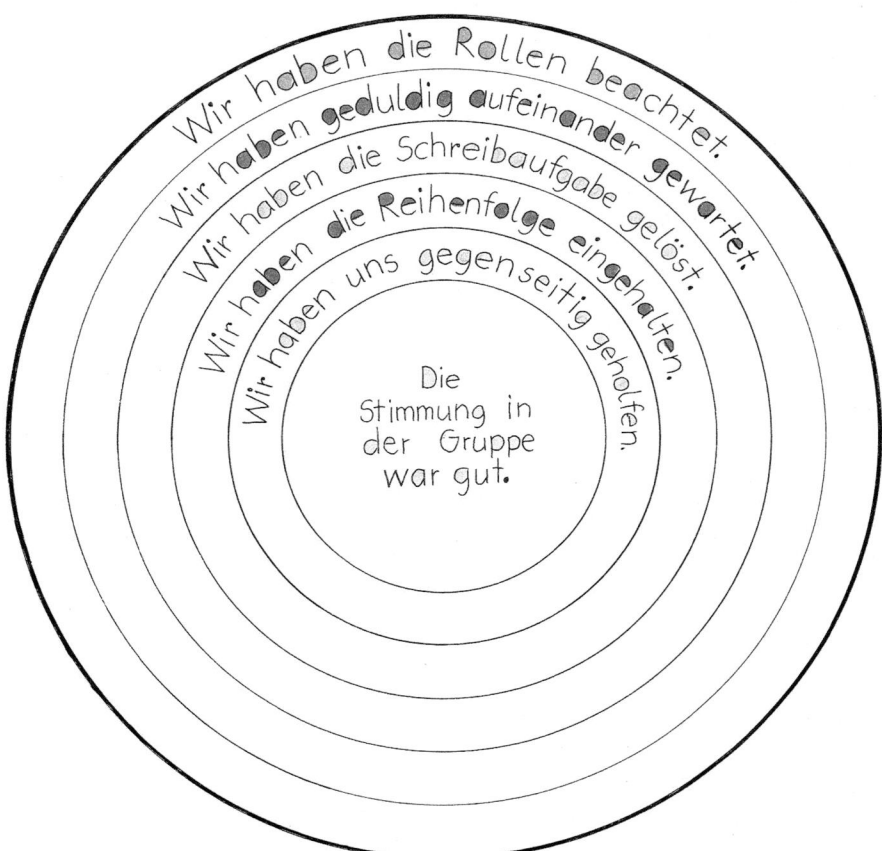

Zielscheibe

Jeder von eurer Gruppe bekommt drei Klebepunkte.

Überlege für dich: Welche Bereiche haben wir in der Gruppenarbeit am besten erfüllt?

Klebe auf diese Bereiche deine Punkte.

Besprecht nun gemeinsam euer Gruppenergebnis.

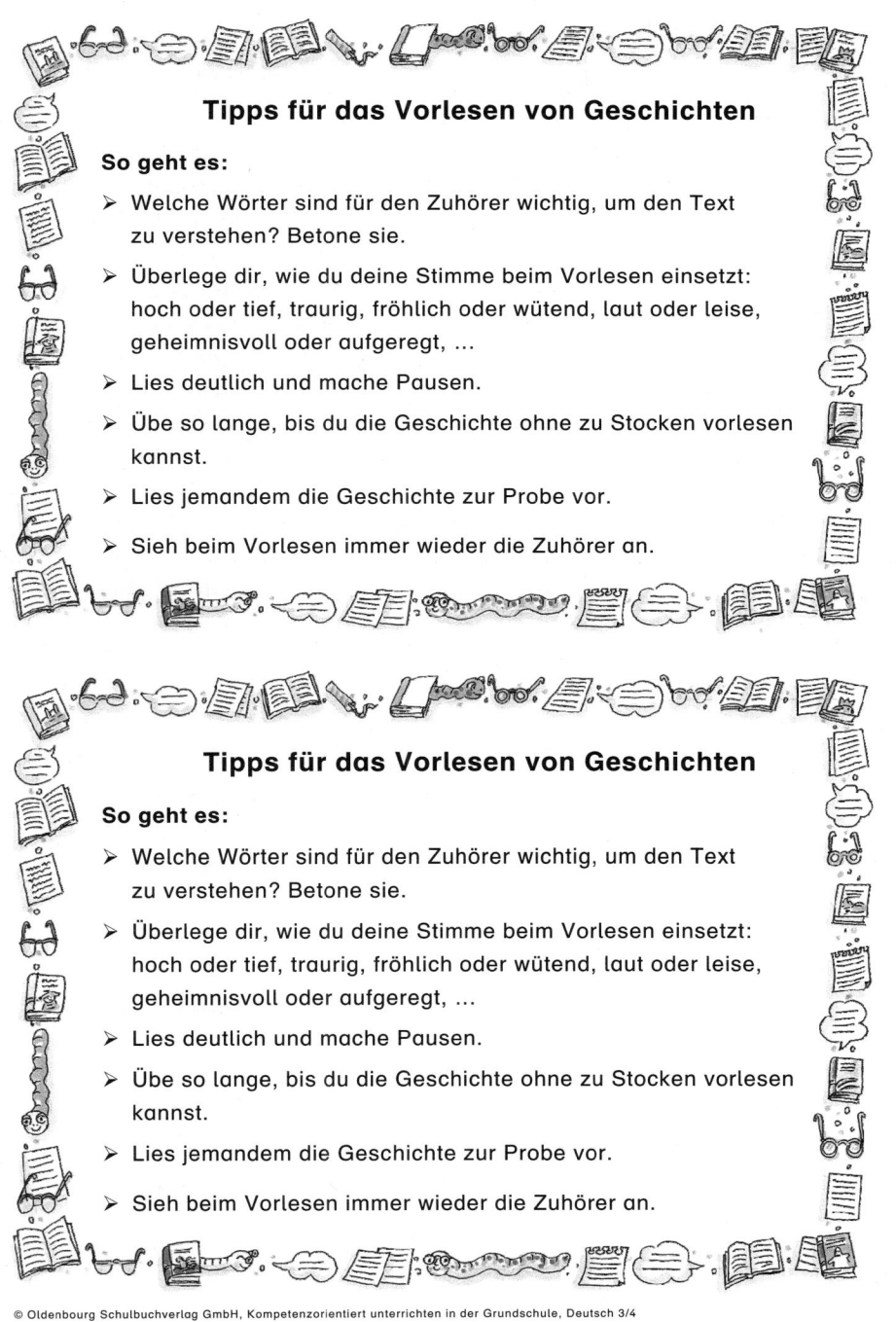

Tipps für das Vorlesen von Geschichten

So geht es:

➢ Welche Wörter sind für den Zuhörer wichtig, um den Text zu verstehen? Betone sie.

➢ Überlege dir, wie du deine Stimme beim Vorlesen einsetzt: hoch oder tief, traurig, fröhlich oder wütend, laut oder leise, geheimnisvoll oder aufgeregt, ...

➢ Lies deutlich und mache Pausen.

➢ Übe so lange, bis du die Geschichte ohne zu Stocken vorlesen kannst.

➢ Lies jemandem die Geschichte zur Probe vor.

➢ Sieh beim Vorlesen immer wieder die Zuhörer an.

Tipps für das Vorlesen von Geschichten

So geht es:

➢ Welche Wörter sind für den Zuhörer wichtig, um den Text zu verstehen? Betone sie.

➢ Überlege dir, wie du deine Stimme beim Vorlesen einsetzt: hoch oder tief, traurig, fröhlich oder wütend, laut oder leise, geheimnisvoll oder aufgeregt, ...

➢ Lies deutlich und mache Pausen.

➢ Übe so lange, bis du die Geschichte ohne zu Stocken vorlesen kannst.

➢ Lies jemandem die Geschichte zur Probe vor.

➢ Sieh beim Vorlesen immer wieder die Zuhörer an.

2.4 Texte überarbeiten – Überarbeitung einer Personenbeschreibung: Clown

Kompetenzen

Das Überarbeiten von Texten muss für die Kinder zu einer Selbstverständlichkeit werden. In diesem Zusammenhang sollen sie ein Bewusstsein dafür entwickeln, dass der selbst verfasste Text ein vorläufiger Entwurf ist, an dem zur Optimierung weitergearbeitet wird. Dazu bekommen die Kinder konkrete Überarbeitungsmethoden an die Hand, die sie beim Redigieren ihrer Texte immer wieder verwenden können. Ausgehend von vorgegebenen Texten üben die Kinder das Überarbeiten nach bestimmten sprachlichen und inhaltlichen Kriterien. Die Arbeit am Text erfolgt hier unabhängig von der eigenen Textproduktion, um das Redigieren ohne persönlichen Bezug zum Text kennenzulernen und zu üben. Darauf aufbauend können die Kinder die geübten Methoden im Anschluss an eine selbst verfasste Personenbeschreibung anwenden. Es liegt im Ermessen der Lehrerin, ob sie alle Stationen zur Überarbeitung gleichzeitig anbietet oder nacheinander. Eine Verknüpfung mit dem Bereich „Sprache und Sprachgebrauch untersuchen" entsteht durch den Einbezug der sprachlichen Gestaltungsmittel bei der Überarbeitung. Je nachdem, welche Gestaltungsmittel sich bereits in dem Werkzeugkasten (vgl. S. 130) befinden, kann diese als zusätzliche Hilfe herangezogen werden.

Folgende Kompetenzen können erreicht werden:
- Texte an der Schreibaufgabe überprüfen (Bereich „Schreiben – Texte verfassen: Texte überarbeiten"),
- Texte auf Verständlichkeit überprüfen (Bereich „Schreiben – Texte verfassen: Texte überarbeiten"),
- Texte in Bezug auf die sprachliche Gestaltung hin optimieren (Bereich „Schreiben – Texte verfassen: Texte überarbeiten"),
- Textproduktion und Textverständnis durch die Anwendung von sprachlichen Strategien unterstützen (Bereich „Sprache und Sprachgebrauch untersuchen").

Hinweise zum Unterricht

Materialien auf CD-ROM ⊚
- Wortpaare zur Partnerfindung (KV 39, S. 89)
- Abbildung (KV 40, S. 90) und Anleitung zum Ausmalen des Clowns
- Pair-Check-Arbeitsblätter (KV 41–46, S. 91ff.)

- Lösungsblätter (KV 47–52, S. 97 ff.)
- Partner-Laufpass (KV 53, S. 103)

Vorbereitung
- Wortpaare zur Partnerfindung (KV 39) kopieren, laminieren und ausschneiden
- Abbildung Clown mit Anleitung (KV 40) nach Anzahl der Paare kopieren und von den Kinder ausmalen lassen
- Pair-Check-Vorlagen pro Station in der Anzahl der Paare kopieren (KV 41–46)
- Pair-Check-Lösungen bereithalten (KV 47–52)
- Partner-Laufpass (KV 53) in Klassenstärke kopieren

Ablauf
Die Lehrerin gibt zu Beginn eine kurze Einführung in die Thematik, indem sie beispielsweise Folgendes zu den Kindern sagt und ihnen das Ziel der Unterrichtseinheit vorstellt: „Wenn du einen Text geschrieben hast, hast du schon viel geschafft. Anschließend ist es sehr wichtig, den Text noch einmal genau anzusehen und ihn zu überarbeiten. Nach der Überarbeitung klingt der Text besser als vorher."

Zieltransparenz: „Du lernst und übst heute, wie du Texte überarbeiten kannst. Dazu müssen wir nun zuerst einen Clown richtig ausmalen."

Die Kinder arbeiten zunächst paarweise. Um eine zufällige Partnerzuordnung zu erreichen, setzt die Lehrerin Wortpaar-Karten (KV 39) ein und fördert so das kooperative Lernen.

Partnerfindung mithilfe von Wortpaar-Karten
Die Lehrerin bereitet im Vorfeld Karten mit Wortpaaren vor. Dabei kann es sich beispielsweise um Gegensätze handeln (Adjektiv-Paare wie groß-klein, traurig-lustig, kurz-lang usw.) oder um Substantive, die es jeweils in der Einzahl und Mehrzahl gibt. Diese Kärtchen werden an die Kinder verteilt, die jeweils herausfinden müssen, wer das passende Gegenstück besitzt. Auf diese Weise ergeben sich zufällige Team-Zusammenstellungen, die ein zielgerichtetes, von gegenseitiger Unterstützung geprägtes Arbeiten mit einem Partner beabsichtigen – und zwar unabhängig von persönlichen Zu- oder Abneigungen.

Im Klassenzimmer befinden sich maximal fünf verschiedene Stationen zur Überarbeitung. Bevor die Paare zur Stationenarbeit übergehen, malen sie den Clown (KV 40) nach Vorgabe aus und kontrollieren ihren Clown ggf. mit einem von der Lehrerin vorbereiteten Lösungsblatt. Das Bild verbleibt während der gesamten Unterrichtseinheit gut sichtbar auf den Tischen der Schüler.

Die Partner arbeiten in einer weiteren kooperativen Lernform, dem Pair-Check. Dazu wählen sie ein Pair-Check-Blatt (KV 41–46) aus und lösen gemeinsam die dazugehörige Aufgabe.

Pair-Check

Die Paare erhalten jeweils ein gemeinsames Arbeitsblatt. Auf diesem Arbeitsblatt befinden sich zwei Spalten mit Aufgaben. Kind 1 beginnt mit der Beantwortung der ersten Aufgabe. Kind 2 gibt Tipps, macht auf Fehler aufmerksam, ermuntert und lobt. Dann erfolgt ein Wechsel und Kind 2 beginnt mit der nächsten Aufgabe, während Kind 1 hilft, Verbesserungsvorschläge macht und lobt.

Nach der Bearbeitung einer Pair-Check-Aufgabe kontrollieren die Partner ihre Ergebnisse mithilfe der Lösungsblätter (KV 47–52).

Je nach Klassensituation kann die Lehrerin entscheiden, ob die Paare die ganze Zeit über zusammenbleiben sollen oder ob die Partner nach jeder Station gewechselt werden.

Reflexion

Jedes Kind bekommt einen Partner-Laufpass (KV 53). Er ermöglicht nach jeder Station eine Reflexion über die gemeinsam geleistete Arbeit. Die Partner überdenken ihre Zusammenarbeit hinsichtlich sozialer und sachlicher Kriterien. Zusätzlich hat jeder die Möglichkeit, eine persönliche Stellungnahme abzugeben.

Mögliche Anschlussaufgaben

Folgende Aufgaben lassen sich an diese Einheit anschließen:

• eine eigene Personenbeschreibung verfassen (Bereich „Schreiben – Texte verfassen"),
• mit den eingeführten Überarbeitungsmethoden und -merkmalen den eigenen Text mit einem Partner überarbeiten (Bereich „Texte überarbeiten").

KV 39

Wortpaare zur Partnerfindung

süß	**sauer**	**dick**	**dünn**
lustig	**traurig**	**klein**	**groß**
alt	**jung**	**leicht**	**schwer**
arm	**reich**	**hell**	**dunkel**
langsam	**schnell**	**schmal**	**breit**
tief	**flach**	**langweilig**	**spannend**
lang	**kurz**	**leer**	**voll**

KV 40

Name: _____   Datum: _____

Male deinen Clown richtig aus.

• gelbe Haare

• grüner Hut

• braune Augen

• rote Nase

• violettes Hemd mit gelben Punkten

• Hose blau und orange gestreift

• rote Schuhe

KV 41

Name Partner 1: _____ Name Partner 2: _____

Partner-Check: Viele Adjektive (Wiewörter)

Ergänze in den Sätzen die passenden Adjektive (Wiewörter).
Verwende mindestens zwei Adjektive in jedem Satz.

Farben:
weiß, gelb, orange, rot, rosa, blau, violett, grün, braun, grau, schwarz

Andere Adjektive:
lockig, glatt, kurz, lang, flach, tief, klein, groß, dünn, dick, rund, eckig,
schmal, breit, fröhlich, traurig, gepunktet, gestreift, kariert

Ohne Adjektive kannst du dir den Clown nicht gut vorstellen. ☹	Mit vielen Adjektiven beschreibst du ihn genau. ☺
1. Der Clown hat Haare.	
2. Auf seinem Kopf befindet sich ein Hut.	
3. Er besitzt Augen.	
4. Die Nase ist rot.	
5. Der Clown hat einen Mund.	
6. Er trägt ein Hemd.	
7. Seine Hose ist gestreift.	
8. Er besitzt Schuhe.	

KV 42

Name Partner 1: _____ Name Partner 2: _____

Partner-Check: Reihenfolge beachten

Wenn du eine Person in der Reihenfolge vom Kopf bis zu den Füßen beschreibst, kann man sie sich gut vorstellen. Beachte auch beim Gesicht die Reihenfolge von oben nach unten.
Die richtige Reihenfolge hilft dir auch, dass du bei der Beschreibung nichts vergisst.

So ein Durcheinander! ☹	Du beschreibst die Person in der Reihenfolge vom Kopf bis zu den Füßen. ☺
Der Clown hat einen breiten, fröhlichen Mund.	
Seine Hose ist blau und orange gestreift.	
Auf seinem Kopf befindet sich ein flacher, grüner Hut.	
Er besitzt kleine, braune Augen.	
Der Clown hat gelbe, lockige und lange Haare.	
Er besitzt große, rote Schuhe.	
Die Nase ist dick, rund und rot.	
Er trägt ein violettes Hemd mit gelben Punkten.	

KV 43

Name Partner 1: _____ Name Partner 2: _____

Partner-Check: Richtige Beschreibung

Um eine Person gut zu erkennen, ist eine richtige Beschreibung sehr wichtig. Sieh dir den Clown genau an, um die Fehler in der Beschreibung zu finden und zu verbessern.

Hier stimmt etwas nicht! ☹	Jetzt ist der Clown richtig beschrieben. ☺
1. Der Clown hat glatte, kurze und rote Haare.	
2. Auf seiner Schulter befindet sich ein flacher, grüner Hut.	
3. Er besitzt große, braune Augen.	
4. Die Nase ist dick, eckig und rosa.	
5. Der Clown hat einen traurigen Mund.	
6. Er trägt ein blaues Hemd mit gelben Sternen.	
7. Seine Hose hat blaue und orange Karos.	
8. Er besitzt kleine, weiße Schuhe.	

Name Partner 1: _____ Name Partner 2: _____

Partner-Check: Verschiedene Satzanfänge

> Beginne die Sätze mit verschiedenen Satzanfängen.
> Stelle dazu die Sätze um.
> Der erste Satz kann bleiben wie er ist. Schreibe ihn ab.

Immer der gleiche Satzanfang! ☹	Überarbeitete Sätze mit verschiedenen Satzanfängen. ☺
1. Der Clown hat gelbe, lockige und lange Haare.	
2. Der Clown trägt einen flachen, grünen Hut auf seinem Kopf.	
3. Der Clown besitzt kleine, braune Augen.	
4. Der Clown hat eine dicke, runde, rote Nase.	
5. Der Clown hat einen breiten, fröhlichen Mund.	
6. Der Clown trägt ein violettes Hemd mit gelben Punkten.	
7. Der Clown hat eine blau und orange gestreifte Hose.	
8. Der Clown besitzt große, rote Schuhe.	

KV 45

Name Partner 1: _____ Name Partner 2: _____

Partner-Check: Unterschiedliche Verben (Tunwörter)

Verwende in den Sätzen unterschiedliche Verben (Tunwörter).

ist   hat   befindet sich   besitzt   trägt

Manchmal musst du einen vorgegebenen Satz nicht ändern.
Schreibe ihn ab.

Immer nur hat und ist klingt nicht schön. ☹	Du verwendest unterschiedliche Verben. ☺
1. Der Clown hat gelbe, lockige und lange Haare.	
2. Auf seinem Kopf ist ein flacher, grüner Hut.	
3. Er hat kleine, braune Augen.	
4. Die Nase ist dick, rund und rot.	
5. Der Clown hat einen breiten, fröhlichen Mund.	
6. Er hat ein violettes Hemd mit gelben Punkten.	
7. Seine Hose ist blau und orange gestreift.	
8. Er hat große, rote Schuhe.	

KV 46

Name Partner 1: _____   Name Partner 2: _____

Partner-Check: Vollständigkeit

Nur wenn ihr eine Person vollständig beschreibt, kann man sie sich gut vorstellen. Seht euch das Bild gut an, sodass ihr den Clown genau beschreiben könnt.

Hier fehlt doch etwas! ☹	Die Beschreibung ist vollständig. ☺
Der Clown hat gelbe, lockige und lange Haare.	
Er besitzt kleine, braune Augen.	
Die Nase ist dick, rund und rot.	
Er trägt ein violettes Hemd mit gelben Punkten.	

© Oldenbourg Schulbuchverlag GmbH, Kompetenzorientiert unterrichten in der Grundschule, Deutsch 3/4

KV 47

LÖSUNG Partner-Check:
Viele Adjektive (Wiewörter)

Ohne Adjektive kannst du dir den Clown nicht gut vorstellen. ☹	Mit vielen Adjektiven beschreibst du ihn genau. ☺
1. Der Clown hat Haare.	Der Clown hat lange, lockige, gelbe Haare.
2. Auf seinem Kopf befindet sich ein Hut.	Auf seinem Kopf befindet sich ein flacher, grüner Hut.
3. Er besitzt Augen.	Er besitzt kleine, braune Augen.
4. Die Nase ist rot.	Die Nase ist dick, rund und rot.
5. Der Clown hat einen Mund.	Der Clown hat einen breiten, fröhlichen Mund.
6. Er trägt ein Hemd.	Er trägt ein violettes Hemd mit gelben Punkten./ Er trägt ein violettes, gelb gepunktetes Hemd.
7. Seine Hose ist gestreift.	Seine Hose ist blau und orange gestreift.
8. Er besitzt Schuhe.	Er besitzt große, rote Schuhe.

KV 48

LÖSUNG Partner-Check:
Reihenfolge beachten

So ein Durcheinander! ☹	Du beschreibst die Person in der Reihenfolge vom Kopf bis zu den Füßen. ☺
Der Clown hat einen breiten, fröhlichen Mund.	Auf seinem Kopf befindet sich ein flacher, grüner Hut.
Seine Hose ist blau und orange gestreift.	Der Clown hat gelbe, lockige und lange Haare.
Auf seinem Kopf befindet sich ein flacher, grüner Hut.	Er besitzt kleine, braune Augen.
Er besitzt kleine, braune Augen.	Die Nase ist dick, rund und rot.
Der Clown hat gelbe, lockige und lange Haare.	Der Clown hat einen breiten, fröhlichen Mund.
Er besitzt große, rote Schuhe.	Er trägt ein violettes Hemd mit gelben Punkten.
Die Nase ist dick, rund und rot.	Seine Hose ist blau und orange gestreift.
Er trägt ein violettes Hemd mit gelben Punkten.	Er besitzt große, rote Schuhe.

LÖSUNG Partner-Check:
Richtige Beschreibung

Hier stimmt etwas nicht! ☹	Jetzt ist der Clown richtig beschrieben. ☺
1. Der Clown hat glatte, kurze und rote Haare.	Der Clown hat lockige, lange und gelbe Haare.
2. Auf seiner Schulter befindet sich ein flacher, grüner Hut.	Auf seinem Kopf befindet sich ein flacher, grüner Hut.
3. Er besitzt große, braune Augen.	Er besitzt kleine, braune Augen.
4. Die Nase ist dick, eckig und rosa.	Die Nase ist dick, rund und rot.
5. Der Clown hat einen traurigen Mund.	Der Clown hat einen breiten, fröhlichen Mund.
6. Er trägt ein blaues Hemd mit gelben Sternen.	Er trägt ein violettes Hemd mit gelben Punkten.
7. Seine Hose hat blaue und orange Karos.	Seine Hose hat blaue und orange Streifen.
8. Er besitzt kleine, weiße Schuhe.	Er besitzt große, rote Schuhe.

LÖSUNG Partner-Check: Verschiedene Satzanfänge

Immer der gleiche Satzanfang! ☹	Überarbeitete Sätze mit verschiedenen Satzanfängen. ☺
1. **Der Clown** hat gelbe, lockige und lange Haare.	Der Clown hat gelbe, lockige und lange Haare.
2. **Der Clown** trägt einen flachen, grünen Hut auf seinem Kopf.	Auf seinem Kopf befindet sich ein flacher, grüner Hut.
3. **Der Clown** besitzt kleine, braune Augen.	Er besitzt kleine, braune Augen.
4. **Der Clown** hat eine dicke, runde, rote Nase.	Die Nase ist dick, rund und rot.
5. **Der Clown** hat einen breiten, fröhlichen Mund.	Der Clown hat einen breiten, fröhlichen Mund.
6. **Der Clown** trägt ein violettes Hemd mit gelben Punkten an.	Er trägt ein violettes Hemd mit gelben Punkten.
7. **Der Clown** hat eine blau und orange gestreifte Hose.	Der Clown hat eine blau und orange gestreifte Hose.
8. **Der Clown** besitzt große, rote Schuhe.	Er besitzt große, rote Schuhe.

KV 51

LÖSUNG Partner-Check:
Unterschiedliche Verben (Tunwörter)

Immer nur hat und ist klingt nicht schön. ☹	Du verwendest unterschiedliche Verben. ☺
1. Der Clown hat gelbe, lockige und lange Haare.	Der Clown besitzt gelbe, lockige und lange Haare.
2. Auf seinem Kopf ist ein flacher, grüner Hut.	Auf seinem Kopf befindet sich ein flacher, grüner Hut.
3. Er hat kleine, braune Augen.	Er hat kleine, braune Augen.
4. Die Nase ist dick, rund und rot.	Die Nase ist dick, rund und rot.
5. Der Clown hat einen breiten, fröhlichen Mund.	Der Clown besitzt einen breiten, fröhlichen Mund.
6. Er hat ein violettes Hemd mit gelben Punkten.	Er trägt ein violettes Hemd mit gelben Punkten.
7. Seine Hose ist blau und orange gestreift.	Seine Hose ist blau und orange gestreift.
8. Er hat große, rote Schuhe.	Er trägt große, rote Schuhe.

LÖSUNG Partner-Check: Vollständigkeit

Hier fehlt doch etwas! ☹	Die Beschreibung ist vollständig. ☺
Der Clown hat gelbe, lockige und lange Haare.	Der Clown hat lockige, lange und gelbe Haare.
Er besitzt kleine, braune Augen.	Auf seinem Kopf befindet sich ein flacher, grüner Hut.
Die Nase ist dick, rund und rot.	Er besitzt kleine, braune Augen.
Er trägt ein violettes Hemd mit gelben Punkten.	Die Nase ist dick, rund und rot.
	Der Clown hat einen fröhlichen Mund.
	Er trägt ein violettes Hemd mit gelben Punkten.
	Seine Hose hat blaue und orange Streifen.
	Er besitzt große, rote Schuhe.

Partner-Laufpass

von

Namen: _____

Station: Richtige Beschreibung	☺☺	☺	☹	☹☹
Wir haben uns gegenseitig geholfen.				
Wir waren freundlich zueinander.				
Die Überarbeitung ist uns gelungen.				

Station: Vollständigkeit	☺☺	☺	☹	☹☹
Wir haben uns gegenseitig geholfen.				
Wir waren freundlich zueinander.				
Die Überarbeitung ist uns gelungen.				

Station: Richtige Reihenfolge	☺☺	☺	☹	☹☹
Wir haben uns gegenseitig geholfen.				
Wir waren freundlich zueinander.				
Die Überarbeitung ist uns gelungen.				

Station: Viele Adjektive	☺☺	☺	☹	☹☹
Wir haben uns gegenseitig geholfen.				
Wir waren freundlich zueinander.				
Die Überarbeitung ist uns gelungen.				

Station: Passende Verben	☺☺	☺	☹	☹☹
Wir haben uns gegenseitig geholfen.				
Wir waren freundlich zueinander.				
Die Überarbeitung ist uns gelungen.				

Station: Satzanfänge	☺☺	☺	☹	☹☹
Wir haben uns gegenseitig geholfen.				
Wir waren freundlich zueinander.				
Die Überarbeitung ist uns gelungen.				

3   Lesen – mit Texten und Medien umgehen

Lesen ist eine Basiskompetenz, die mit Blick auf die Notwendigkeit eines lebenslangen Lernens in der heutigen Informationsgesellschaft eine besondere Bedeutung erhält. Folglich besitzt das Lesen einen hohen Stellenwert im Deutschunterricht. Doch selbstverständlich ist die erworbene Lesekompetenz für alle Fächer wichtig, denn gelesen wird nicht nur im Deutschunterricht. Aus diesem Grund ist es auch sinnvoll, verschiedene Textsorten zu berücksichtigen. Die hier vorgestellten Unterrichtseinheiten zum Bereich „Lesen – mit Texten und Medien umgehen" sind exemplarisch eingebunden in einen Gebrauchstext (diskontinuierlicher Text), in Sachtexte und einen Erzähltext.

3.1   Über Lesefähigkeiten verfügen/Über Leseerfahrungen verfügen/ Texte erschließen: Informationen aus einem Flyer entnehmen

Kompetenzen
In dieser Unterrichtseinheit steht ein diskontinuierlicher Text in Form eines Flyers im Vordergrund. Diskontinuierliche Texte dienen dazu, Informationen kurz und überschaubar darzustellen. Zentrale Inhalte sind sortiert und können zügig entnommen werden. In unserer modernen medialen Gesellschaft erhalten Kurztexte, Tabellen, Diagramme, Bilder etc. immer mehr Gewicht.

Folgende Kompetenzen können mit diesem Unterrichtsbeispiel erreicht werden:
- altersgemäße Texte sinnverstehend lesen (Bereich „Lesen – mit Texten und Medien umgehen: Über Lesefähigkeiten verfügen"),
- einen diskontinuierlichen Text kennen und damit umgehen (Bereich „Lesen – mit Texten und Medien umgehen: Über Leseerfahrung verfügen"),
- Strategien zur Orientierung in einem Text nutzen (Bereich „Lesen – mit Texten und Medien umgehen: Texte erschließen"),
- Aussagen in einem Text finden und zusammenfassend wiedergeben (Bereich „Lesen – mit Texten und Medien umgehen: Texte erschließen"),
- gezielt Informationen suchen (Bereich „Lesen – mit Texten und Medien umgehen: Texte erschließen"),
- Texte genau lesen (Bereich „Lesen – mit Texten und Medien umgehen: Texte erschließen").

Hinweise zum Unterricht

Materialien auf CD-ROM (⊚)
- Flyer (KV 54, Auszug auf S. 107)
- Arbeitsblatt „Partner-Check" (KV 55, S. 108)
- Reflexionskarten (KV 56, S. 109)
- Piktogramm „Meetingpoint" (KV 28, S. 70)

Vorbereitung
- Flyer (KV 54) nach Anzahl der Paare beidseitig kopieren
- Arbeitsblatt „Pair-Check"(KV 55) nach Anzahl der Paare kopieren
- Lösungsblatt vorbereiten und mehrmals kopieren
- Reflexionskarten (KV 56) nach Anzahl der Paare vorbereiten

Ablauf
Zieltransparenz: „Du liest zusammen mit einem Partner den Flyer des Klettergartens Fichtental. Dann arbeitet ihr gemeinsam an einem Partner-Check."

Die Auseinandersetzung mit einem diskontinuierlichen Text in dieser Unterrichtseinheit soll die Kinder befähigen, sich mithilfe eines Flyers (KV 54) umfassend über einen Klettergarten zu informieren und gezielt Informationen zu entnehmen.

Der fiktive Flyer wirbt für den Klettergarten Fichtental. Während auf der einen Seite allgemeine Informationen enthalten sind (zum Kletterpark, den Öffnungszeiten und Eintrittsgeldern), befindet sich auf der Innenseite eine Übersicht über die fünf verschiedenen Parcours, mit Beschreibung der Schwierigkeitsgrade und Altersangaben. Dabei wechseln sich Fließtexte mit Angaben in Tabellen ab. Die Kinder arbeiten als Paare, die über eine zufällige Partnerfindung gebildet wurden. So lässt sich eine Offenheit für unterschiedliche Lernpartner erreichen.

Partnerfindung mithilfe von Kartenpaaren
Die Lehrerin bereitet im Vorfeld mehrere Karten vor, auf denen jeweils ein Bild zu sehen ist. Jedes Motiv ist doppelt vorhanden. Dann verteilt sie die Karten verdeckt an die Kinder. Diese gehen nun leise durch das Klassenzimmer, halten ihre Karte deutlich sichtbar vor sich hin und schauen, wer das andere passende Motiv hat. Auf diese Weise bilden sich Paare, die im weiteren Verlauf zusammen arbeiten.

Zunächst schauen sich die Partner den Flyer gemeinsam an und beantworten dann die Fragen des Pair-Checks (KV 55; für Infos zu dieser kooperativen Lernform siehe S. 88). Dabei nutzen sie die Lesestrategie „Selektives Lesen".

Nachdem alle Fragen des Pair-Checks beantwortet sind, finden sich immer zwei Paare am Meetingpoint (KV 28; siehe auch S. 55) zusammen und vergleichen ihre Lösungen. Stimmen nicht alle Lösungen überein, so müssen die Kinder gemeinsam mithilfe des Flyers die richtige Lösung finden. Danach vergleichen sie ihre Antworten mit einem von der Lehrerin vorbereiteten Lösungsblatt. Anschließend können sie evtl. als Helferkinder für Paare, die Schwierigkeiten haben, eingesetzt werden.

Reflexion

Die Partnerkinder haben die Aufgabe, ihre gemeinsame Arbeit mithilfe von Reflexionskarten (KV 56) einzuschätzen. Beide Kinder überlegen zusammen, was ihnen heute besonders bzw. noch nicht gelungen ist und bringen die Reflexionskarten in eine entsprechende Rangfolge. Das, was ihnen am besten gelungen ist, kommt ganz nach oben, das nächste darunter usw. Wenn Inhalte gleichrangig sind, werden die Karten auf gleicher Höhe nebeneinander gelegt. Folgende Aussagen befinden sich auf den insgesamt vier Reflexionskarten:
• Wir haben uns heute bei der Arbeit geholfen.
• Wir haben uns immer wieder ermuntert.
• Wir waren geduldig und haben gewartet, bis der andere fertig war.
• Wir waren freundlich und haben uns nicht gestritten.

Die Lehrerin kann außerdem leere Karten verteilen, auf denen die Kinder eigene Gedanken zur gemeinsamen Arbeitsweise notieren können.

Mögliche Anschlussaufgaben

In diesem Zusammenhang bietet es sich natürlich an, mit der Klasse selbst einmal einen Klettergarten zu besuchen und den Ausflug von den Kindern organisieren zu lassen. In Gruppen erarbeiten sie sich die Informationen, die sie für ihre Planung benötigen. Dafür können sie das Internet zu Hilfe nehmen, wo sie Erkundigungen über verschiedene Klettergärten in der näheren Umgebung einholen können. So gelingt es ihnen, in einem abschließenden Schritt die Informationsentnahme aus einem fiktiven diskontinuierlichen Text auf eine reale Situation zu übertragen.

KV 54

Herzlich Willkommen im Klettergarten Fichtental

Klettergarten Fichtental

Der Klettergarten Fichtental liegt in einem Waldstück mit hohen Fichten in der Nähe von Bonn.

Er bietet sportliche Abenteuer für kleine und große Leute. Die fünf verschiedenen Kletterpfade haben unterschiedliche Schwierigkeitsgrade.

Es gibt Geschicklichkeits- oder Gleichgewichtsrunden. Meist braucht man auch besonders großen Mut, um einen Kletterpfad zu meistern.

Über verschiedene Hindernisse, wie zum Beispiel Hängebrücken, Kletternetze, Seilschaukeln und Balancierbalken bewegt man sich in unterschiedlichen Höhen von Baum zu Baum.

Öffnungszeiten und Preise

15. März- 14. Mai	Samstag, Sonntag	10.00 – 17.00 Uhr
15. Mai – 31. Juli	täglich	10.00 – 19.00 Uhr
1. August – 15. September	täglich	10.00 – 18.00 Uhr
16. September – 1. November	Samstag, Sonntag	10.00 – 16.30 Uhr
2. November bis 14. März geschlossen		

	Kinder bis 14 Jahre	Erwachsene
Tageskarte	15 €	21 €
5er-Karte	55 €	85 €
10er-Karte	105 €	160 €
Jahreskarte	145 €	185 €

Kinder unter 14 Jahren dürfen nur in Begleitung eines Erwachsenen klettern. Kinder unter 6 Jahren dürfen leider noch nicht klettern.

KV 55

Name 1: _____   Name 2: _____

Partner-Check

1. Welche Bäume stehen im Klettergarten? _____	**1.** In der Nähe welcher Stadt liegt der Klettergarten? _____
2. Wann hat der Klettergarten am längsten geöffnet? Monate: _____ Tage: _____ Uhrzeiten: _____	**2.** Wann hat der Klettergarten am kürzesten geöffnet? Monate: _____ Tage: _____ Uhrzeiten: _____
3. Der Eintritt kostet für **Kinder:** Tageskarte: _____ 10er-Karte: _____ **Erwachsene:** 5er-Karte: _____ Jahreskarte: _____	**3.** Der Eintritt kostet für **Kinder:** 5er-Karte: _____ Jahreskarte: _____ **Erwachsene:** Tageskarte: _____ 10er-Karte: _____
4. Welche Hindernisse gibt es im Klettergarten? _____ _____ _____	**4.** Was bieten die verschiedenen Kletterpfade den Kletterern? _____ _____ _____

KV 56

Wir haben uns immer wieder ermuntert.

Wir waren freundlich und haben uns nicht gestritten.

Wir haben uns heute gegenseitig bei der Arbeit geholfen.

Wir waren geduldig und haben gewartet, bis der andere fertig war.

© Oldenbourg Schulbuchverlag GmbH, Kompetenzorientiert unterrichten in der Grundschule, Deutsch 3/4

3.2 Über Lesefähigkeiten verfügen/Texte erschließen/Texte präsentieren: Sachtexte zum Thema „Fuchs"

Kompetenzen

Sachtexte spielen eine wichtige Rolle im Entwicklungsprozess der Kinder, da sie Einblicke in das Verstehen der Welt bieten. Das Lesen von Sachtexten fördert folglich den Wissensaufbau sowie die kognitive Entwicklung. Aus fachlicher Sicht steht zusätzlich der Auf- und Ausbau von Sprachkompetenz im Blickpunkt.

Sachtexte dienen der Informationsvermittlung und haben gleichzeitig eine Erklär- und Berichtsfunktion. Ausgangspunkt dieser Unterrichtseinheit bilden vier verschiedene Sachtexte über den Fuchs. Sie befassen sich inhaltlich mit dessen Aussehen, Lebensraum, Ernährung und Nachwuchs. In der Auseinandersetzung mit den Sachtexten eignen sich die Kinder durch sinnerfassendes Lesen Expertenwissen an, das sie dann mit den anderen Kindern austauschen. (vgl. Leisen 2010, S. 4–7)

Folgende Kompetenzen können mit diesem Unterrichtsbeispiel erreicht werden:
- altersgemäße Texte sinnverstehend lesen (Bereich „Lesen – mit Texten und Medien umgehen: Über Lesefähigkeiten verfügen"),
- gezielt nach Informationen suchen (Bereich „Lesen – mit Texten und Medien umgehen: Texte erschließen"),
- Text genau lesen (Bereich „Lesen – mit Texten und Medien umgehen: Texte erschließen"),
- eigene Gedanken zu Texten entwickeln, zu Texten Stellung nehmen und mit anderen über Texte sprechen (Bereich „Lesen – mit Texten und Medien umgehen: Texte erschließen"),
- handelnd mit Texten umgehen, z. B. gestalten und collagieren (Bereich „Lesen- mit Texten und Medien umgehen: Texte erschließen"),
- ein Lernplakat für eine Präsentation nutzen (Bereich „Lesen – mit Texten und Medien umgehen: Texte präsentieren"),
- Lernergebnisse präsentieren und dabei die erworbenen Fachbegriffe nutzen (Bereich „Sprechen und Zuhören – Über Lernen sprechen"),
- funktionsangemessen sprechen: informieren (Bereich „Sprechen und Zuhören – Zu anderen sprechen"),
- gezielt nachfragen und Verstehen bzw. Nicht-Verstehen zum Ausdruck bringen (Bereich „Sprechen und Zuhören – Verstehend zuhören").

Hinweise zum Unterricht

Materialien auf CD-ROM ⊚
- Sachtexte (KV 57, Auszug auf S. 115)
- Fragen zum Sinnverständnis (KV 58, Auszug auf S. 116)
- Lösungsblätter (KV 59, Auszug auf S. 117)
- Rollenkarten (KV 60, Auszug auf S. 118)
- Vorlage „Eishörnchen" (KV 61, S. 119)
- Selbsteinschätzungsbogen (KV 62, S. 120)

Weitere Materialien
- Postkarten nach Anzahl der Gruppen
- akustisches Signal (Klangschale o. Ä.)

Vorbereitung
- Postkarten nach Anzahl der Gruppen jeweils in vier Teile zerschneiden
- Sachtexte (KV 57) auf verschiedenfarbiges Papier (rot, gelb, grün, blau) kopieren; pro Gruppe werden alle Texte jeweils einmal benötigt
- Arbeitsblatt (KV 58) in Klassenstärke kopieren
- Lösungsblätter (KV 59) nach Anzahl der Gruppen kopieren
- Rollenkarten (KV 60) nach Anzahl der Gruppen kopieren
- Lernplakate in den Farben der jeweiligen Gruppe und passend zu den Texten bereitstellen
- Textmarker, Klebestifte, Buntstifte usw. auslegen
- evtl. Bildmaterialien zum Ausschneiden (Gebiss, Fußspuren, ...) beschaffen
- Reflexionsbögen(KV 61 oder 62) nach Anzahl der Gruppen kopieren

Ablauf
Zieltransparenz: „Du liest verschiedene Texte zum Thema Fuchs und überprüfst dein Textverständnis anhand eines Arbeitsblattes mit Ankreuzmöglichkeiten. Danach triffst du dich mit allen Kindern, die denselben Text gelesen haben. Zusammen erstellt ihr ein Lernplakat. Zum Schluss triffst du dich wieder mit den Kindern der ersten Gruppe und ihr macht gemeinsam einen Museumsgang. Der jeweilige Experte der Gruppe erklärt den anderen Kindern das Plakat."

Da die Kinder auch hier im Sinne des kooperativen Lernens miteinander arbeiten sollen, werden Teams gebildet, die jeweils aus vier Kindern bestehen. Die Gruppen werden mithilfe des Postkartenpuzzles (siehe S. 22) ermittelt.

Anschließend gehen die Kinder zu einer weiteren kooperativen Lernform über:

Jigsaw

Diese Methode eignet sich, um die Kinder zu selbstständigem Erwerb und anschließendem Austausch von Wissen zu befähigen. Gleichzeitig wird die Teamfähigkeit gestärkt, da die Kooperation der Experten auf ein gemeinsames Ziel ausgerichtet ist und so eine positive Abhängigkeit entsteht.

Zu Beginn werden per Zufallsprinzip Vierergruppen gebildet. Jedes Gruppenmitglied befasst sich zunächst allein mit einem Teilbereich des Themas. Anschließend treffen sich alle Kinder mit der gleichen Einzelleistung in einer Expertengruppe. Dort tauschen sie sich aus und stellen die wesentlichen Inhalte für eine Präsentation zusammen. Danach kehren sie in die Ursprungsgruppe zurück und informieren jeweils die anderen Kinder mithilfe der zuvor in den Expertenteams erarbeiten Präsentation. Auf diese Weise verfügt am Ende jedes Kind über ein umfangreiches Wissen zum Thema. (vgl. Bochmann/Kirchmann 2006, S. 67; Aßmann 2012, S. 21)

Das oben genannte Arbeitsprinzip wird innerhalb dieser Unterrichtseinheit leicht modifiziert bzw. erweitert. So erfolgt nach dem Lesen des Textes (KV 57) eine kurze Überprüfung des Sinnverständnisses mithilfe eines Arbeitsblattes (KV 58). Hier werden immer zwei Aussagen vorgegeben, von denen die richtige angekreuzt werden muss. Wer früher fertig ist, kann sich mit der jeweiligen Zusatzaufgabe auf dem Arbeitsblatt beschäftigen. Kinder, die in der vorgebenen Zeit nicht fertig geworden sind, können ihr Wissen in der darauf folgenden Phase in ihrer Expertengruppe durch Zuhören und Nachfragen angleichen.

Nach einem akustischen Signal finden sich nun alle Kinder mit der gleichen Textfarbe an einem Gruppentisch ein. Dort erfolgt die gemeinsame Kontrolle des Arbeitsblattes mithilfe einer vorbereiteten Lösung (KV 59). Sie tauschen sich über das Themengebiet aus und räumen eventuelle Unklarheiten aus, damit sich alle Gruppenmitglieder auf dem gleichen Expertenlevel befinden. Die Gruppe erhält die Aufgabe, ihr erworbenes Expertenwissen auf einem Lernplakat darzustellen. In dieser Phase werden zudem folgende methodische, soziale und fachliche Rollen (KV 60) verteilt: Materialmanager (methodisch), Zeitwächter (methodisch), Flüsterstimmenchef (sozial), Maler (fachlich) und Schreiber (fachlich). Auf diese Weise erfolgt eine aktive Einbindung der Kinder in den Gruppenprozess. Die Lehrerin kann die Rollen mit Blick auf die individuellen Lernvoraussetzungen den einzelnen Mitgliedern direkt zuweisen oder die Verteilung durch das Ziehen von Rollenkarten dem Zufall überlassen.

Aufgaben der einzelnen Rollen (vgl. auch S. 152):

• Der Materialmanager holt die entsprechenden Materialien für den Arbeitsauftrag und bringt sie wieder weg. Diskussionen, wer etwas holt oder wegbringt, entfallen somit. Zudem bewegt sich nur ein Kind pro Gruppe im Klassenraum, was Unruhe vermeidet.

- Der Zeitwächter sorgt dafür, dass die vorgegebenen Zeiten eingehalten werden und erinnert in regelmäßigen Abständen die Gruppe daran, wie viel Zeit noch verbleibt. Dieses Vorgehen bewirkt, dass die Kinder ein (besseres) Zeitgefühl entwickeln und konzentrierter in der verbleibenden Zeit arbeiten.
- Der Schreiber hat die Aufgabe, Schreibarbeiten zu übernehmen. Die Gruppe hilft ihm bei Formulierungen und der Rechtschreibung.
- Der Maler übernimmt die Zeichen- und Malarbeiten. Er setzt die Vorschläge der Gruppenmitglieder um und gestaltet sie kreativ aus.
- Der Flüsterstimmenchef achtet darauf, dass in der Gruppe die Flüsterlautstärke nicht überschritten wird.
(vgl. Bochmann/Kirchmann 2006, S. 60 f.)

Am Ende dieser Arbeitsphase hängen die Gruppen ihre Lernplakate an zuvor markierten Stellen im Klassenraum auf. Wichtig ist dabei, dass die Plakate nicht zu dicht nebeneinander angebracht werden.

Präsentation
Nach einem weiteren akustischen Signal treffen sich die Kinder in ihrer Ursprungsgruppe vor einem Lernplakat. Das gegenseitige Vorstellen der Arbeitsergebnisse aus den Expertengruppen erfolgt durch den Museumsgang.

Museumsgang
Der Reihe nach werden die möglichst visualisierten Ergebnisse der Expertengruppen von einem Mitglied der Gruppe vorgestellt. Die anderen Kinder haben die Möglichkeit nachzufragen. Nach einem akustischen Signal wechseln die Gruppen im Uhrzeigersinn zur nächsten Präsentation.

Da es nur vier verschiedene Lernplakate gibt, werden wahrscheinlich, je nach Klassengröße, vor ein bis zwei Plakaten zwei Gruppen stehen. Steht eine Gruppe vor dem roten Plakat, so ist das Kind aus der roten Gruppe der Experte und informiert die anderen Gruppenmitglieder über die jeweiligen Inhalte und beantwortet gegebenenfalls Fragen. Nach einem akustischen Signal wechseln die Gruppen gleichzeitig im Uhrzeigersinn zum nächsten Plakat.

Am Ende der Unterrichtseinheit treffen sich noch einmal die Expertengruppen zur Reflexion.

Reflexion

Die Mitglieder der Expertengruppen überlegen zusammen, wie sie ihre Arbeit entsprechend der vorgegebenen Kriterien einschätzen. Sie erhalten dazu das „Eishörnchenblatt" (KV 61) mit vier Eiskugeln (vgl. Bochmann/Kirchmann 2008, S. 185). In jeder der Kugeln steht einer der folgenden Sätze:

- Wir sind in der vorgegebenen Zeit fertig geworden.
- Wir haben einander geholfen.
- Wir haben gemeinsam ein gutes Ergebnis erarbeitet.
- Wir konnten unsere Ergebnisse den anderen Kindern gut erklären.

Die Gruppe bewertet ihre Arbeit, indem sie gemeinsam entscheidet, wie viel sie von den jeweiligen Kugeln ausmalen will. Viel oder alles ausgemalt bedeutet, die Zusammenarbeit hat in diesem Segment gut geklappt. Ist nur wenig von der Eiskugel ausgemalt, so bedeutet dies, dass die Gruppe mit dem Teilbereich ihrer Arbeit nicht zufrieden ist. Die Vorlage bietet dabei genügend freien Raum, um die Entscheidungen näher zu begründen.

Als weitere Möglichkeit der Gruppenreflexion kann auch der Selbsteinschätzungsbogen (KV 62) eingesetzt werden.

Mögliche Anschlussaufgaben

An dieser Stelle ist es möglich, den Kindern die Arbeitsblätter zum sinnentnehmenden Lesen (KV 58) der jeweils anderen Gruppen zu geben. So lässt sich gut überprüfen, ob die Kinder ihr Wissen über die anderen Teilbereiche erweitern konnten bzw. die jeweiligen Experten ihr Wissen gut vermitteln konnten.

Auch eine Reflexion im Plenum ist als Anschlussaufgabe denkbar. Hier können die Kinder die positiven und negativen Elemente der Arbeit herausarbeiten und gemeinsam überlegen, wie man beispielsweise die Präsentation der Lernergebnisse noch verbessern könnte.

Weiterführend bzw. vertiefend bietet sich die kooperative Methode „Doppelkreis" an, in der Literatur auch als „Kugellager" bekannt. Bei dieser kooperativen Lernform können die Kinder im Innenkreis Fragen über die neu gelernten Inhalte an die Kinder im Außenkreis stellen und umgekehrt (siehe S. 31).

KV 57

Name: _____   Datum: _____

Das Aussehen des Fuchses

Der Fuchs gehört zur Raubtierfamilie der Hundeartigen, genau wie der Wolf und der Hund. Deshalb sieht der Fuchs dem Hund und dem Wolf auch recht ähnlich. Seine Beine sind jedoch kürzer und sein Körper ist länger. Füchse sind im Vergleich zu Hunden mit gleicher Körpergröße viel schmaler und auch leichter.

Füchse werden zwischen 60 cm und einem Meter lang und ca. 40 cm hoch. Sie wiegen bis zu sieben Kilogramm (das sind sieben Pakete Mehl) und können 10 bis 12 Jahre alt werden. Der Fuchs hat einen sehr langen, buschigen Schwanz, auch Lunte genannt. Dieser ist bis zu 40 cm lang, also ungefähr halb so lang wie der Körper des Fuchses. Bei Kälte benutzt der Fuchs seinen Schwanz auch als kuschelige Decke. Die Schwanzspitze ist meist weiß.

Das Fell des Fuchses ist dicht und rotbraun. Die Innenseiten der Beine, der Bauch und die Wangen des Tieres sind weiß. Im Winter trägt der Fuchs sein Winterfell, das bedeutet, das Fell ist dann viel dichter. Ungefähr im April verliert der Fuchs Haare. Das ist der Fellwechsel. Der Fuchs bekommt nun ein leichtes Sommerfell.

Die hochstehenden, spitzen Ohren, der lange und schmale Kopf und seine schwarze Nase sind typisch für den Fuchs. Mit diesem schlanken Kopf ist der Fuchs in der Lage, auch durch ganz enge Öffnungen wie ein Loch im Zaun oder in einen Hühnerstall zu schlüpfen.

In der Nacht kann der Fuchs besonders gut sehen, dann sind die Pupillen in den Augen groß und rund. Tagsüber sieht er nicht so gut. Die Pupillen stehen als senkrechter Schlitz. An den Backen, der Schnauze, über den Augen und an den Pfotenballen befinden sich Tasthaare. So kann der Fuchs schon frühzeitig Erschütterungen und Gefahren wahrnehmen.

Die Pfoten haben vier Zehenballen und scharfe Krallen, die er auch beim Laufen nicht einzieht.

KV 58

Name: _____   Datum: _____

Fragen zum Thema: Das Aussehen des Fuchses

Lies aufmerksam und kreuze jeweils die richtige Antwort an.

Tipp: Wenn du etwas nicht genau weißt, dann schau noch einmal in deinem Text nach.

1. Der Fuchs gehört zur Raubtierfamilie der Hundeartigen. ☐
Der Fuchs gehört zur Raubtierfamilie der Katzenartigen. ☐

2. Füchse werden bis zu 20 Jahre alt, 1 Meter lang und wiegen 4 kg. ☐
Füchse werden bis zu 12 Jahre alt, 1 Meter lang und wiegen 7 kg. ☐

3. Der Schwanz des Fuchses ist kurz, haarlos und heißt Lunte. ☐
Der Schwanz des Fuchses ist sehr lang und buschig und heißt Lunte. ☐

4. Das Fell des Fuchses ist dicht und rotbraun, weiß sind nur:
• der Bauch, die Schwanzspitze, die Innenseiten der Beine
   und die Wangen. ☐
• der Bauch, die Ohren, die Innenseiten der Beine
   und die Schwanzspitze. ☐

5. Welches Körperteil des Fuchses ist schwarz?
die Nase ☐   die spitzen Ohren ☐

6. Füchse haben hochstehende, spitze Ohren und einen langen,
schmalen Kopf. ☐
Füchse haben hochstehende, runde Ohren und einen langen,
schmalen Kopf. ☐

7. Am Tag sieht der Fuchs gut, seine Pupillen sind dann ein
senkrechter Schlitz. ☐
Nachts sieht der Fuchs besonders gut, seine Pupillen sind
dann groß und rund. ☐

8. Der Fuchs hat an seinem Körper viele Tasthaare. Wo befinden sie sich?
☐ Augen   ☐ Bauch   ☐ Backen   ☐ Schnauze
☐ Ohren   ☐ Schwanz   ☐ Beine   ☐ Pfotenballen

9. Der Fuchs hat vier Zehenballen und zieht beim Laufen die Krallen ein. ☐
Der Fuchs hat vier Zehenballen und zieht beim Laufen die Krallen
nicht ein. ☐

LÖSUNG: Das Aussehen des Fuchses

1. Der Fuchs gehört zur Raubtierfamilie der Hundeartigen. ☒
   Der Fuchs gehört zur Raubtierfamilie der Katzenartigen. ☐

2. Füchse werden bis zu 20 Jahre alt, 1 Meter lang und wiegen 4 kg. ☐
   Füchse werden bis zu 12 Jahre alt, 1 Meter lang und wiegen 7 kg. ☒

3. Der Schwanz des Fuchses ist kurz, haarlos und heißt Lunte. ☐
   Der Schwanz des Fuchses ist sehr lang und buschig und heißt Lunte. ☒

4. Das Fell des Fuchses ist dicht und rotbraun, weiß sind nur:
   der Bauch, die Schwanzspitze, die Innenseiten der Beine
   und die Wangen. ☒
   der Bauch, die Ohren, die Innenseiten der Beine
   und die Schwanzspitze. ☐

5. Welches Körperteil des Fuchses ist schwarz?
   die Nase ☒   die spitzen Ohren ☐

6. Füchse haben hochstehende, spitze Ohren und einen langen,
   schmalen Kopf. ☒
   Füchse haben hochstehende, runde Ohren und einen langen,
   schmalen Kopf. ☐

7. Am Tag sieht der Fuchs gut, seine Pupillen sind dann ein
   senkrechter Schlitz. ☐
   Nachts sieht der Fuchs besonders gut, seine Pupillen sind
   dann groß und rund. ☒

8. Der Fuchs hat an seinem Körper viele Tasthaare. Wo befinden sie sich?
   ☒ Augen   ☐ Bauch   ☒ Backen   ☒ Schnauze
   ☐ Ohren   ☐ Schwanz   ☐ Beine   ☒ Pfotenballen

9. Der Fuchs hat vier Zehenballen und zieht beim Laufen die Krallen ein. ☐
   Der Fuchs hat vier Zehenballen und zieht beim Laufen die Krallen
   nicht ein. ☒

KV 60

Rollenkärtchen

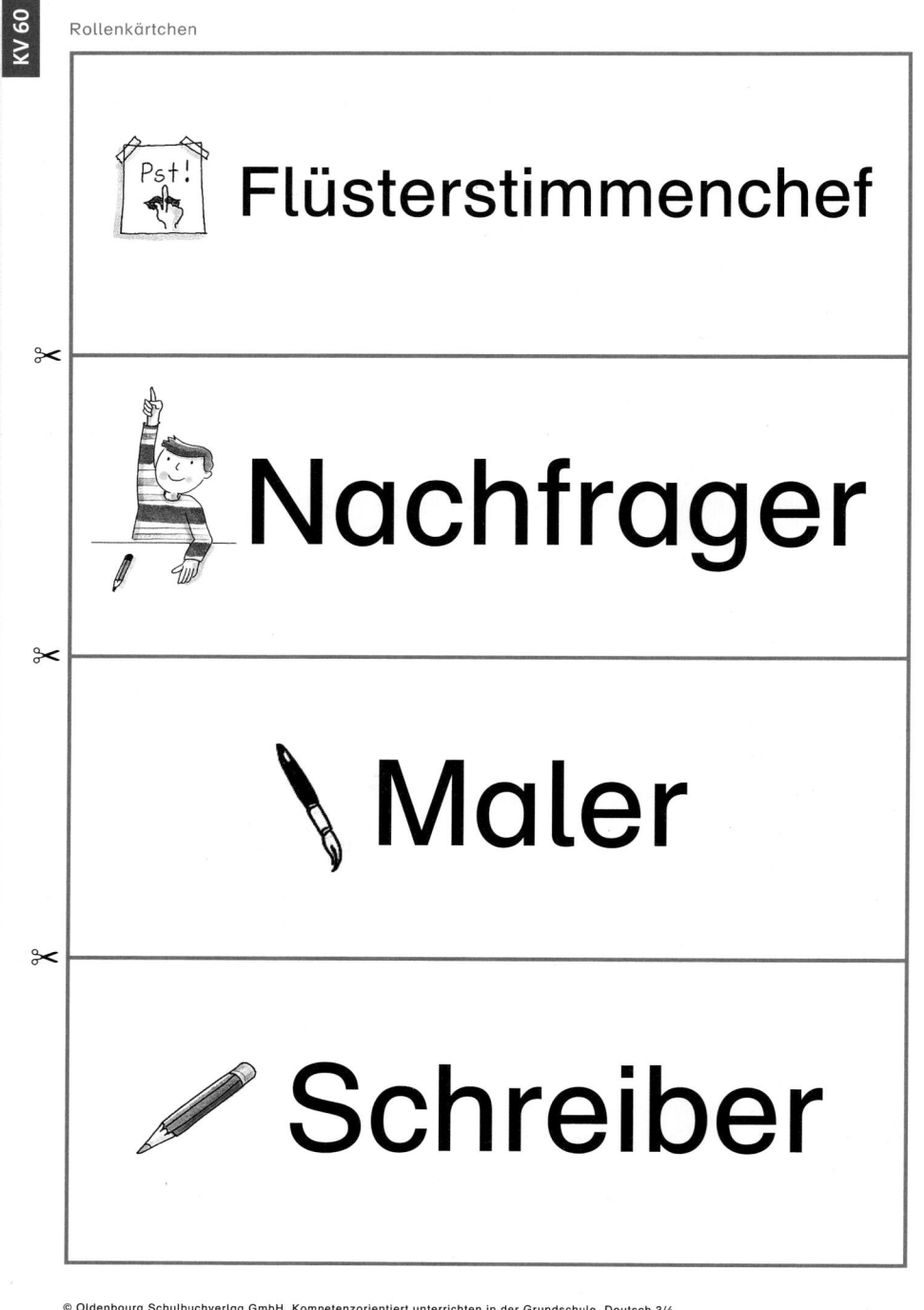

Flüsterstimmenchef

Nachfrager

Maler

Schreiber

Reflexion Eishörnchen

Wir haben einander geholfen.

Wir haben gemeinsam ein gutes Ergebnis erarbeitet.

Wir konnten unsere Ergebnisse den anderen Kindern gut erklären.

Wir sind in der vorgegebenen Zeit fertig geworden.

Sprecht in der Gruppe über eure gemeinsame Arbeit. Entscheidet nun, welche Eiskugeln ihr gar nicht oder nur ein bisschen, welche ihr halb oder vielleicht sogar ganz ausmalen könnt. Begründet eure Entscheidung.

_____

_____

_____

_____

(Reflexion nach Bochmann, Reinhard/Kirchmann, Ruth (2008): Kooperativer Unterricht in der Grundschule, S.185. Essen: Neue Deutsche Schule Verlagsgesellschaft.)

KV 62

Name: _____ Datum: _____

So schätzen wir uns ein:

Gruppenarbeit	☺☺	☺	☹	☹☹
Wir haben gemeinsam die Aufgabe ausgewählt.				
Wir haben alle zusammen gearbeitet.				
Wir haben ohne Streit miteinander gearbeitet.				
Wir haben gemeinsam eine Lösung gefunden.				

Das fiel uns am leichtesten:

_____

_____

Das fiel uns am schwersten:

_____

_____

Das wollten wir noch sagen:

_____

_____

_____

3.3 Texte erschließen/Über Lesefähigkeiten verfügen/Texte präsentieren: Sich mit Gefühlen in einem Erzähltext auseinandersetzen

Kompetenzen

In der folgenden Unterrichtseinheit steht ein Text im Mittelpunkt, der sich mit Emotionen wie Eifersucht, Neid und Unsicherheit auseinandersetzt. Dabei handelt es sich um Gefühlserfahrungen, die jeder junge Mensch irgendwann in unterschiedlichem Ausmaß erlebt. Die Kinder haben hier somit die Gelegenheit, ihre Erfahrungen zu thematisieren und einzubringen. Durch das sinnerfassende Lesen eines Erzähltextes werden die Kinder außerdem aufgefordert, zur Handlung sowie den Personen und deren Gedanken Stellung zu beziehen. Sie sollen sich im weiteren Verlauf handelnd mit dem Text auseinandersetzen, indem sie ihre Interpretationsansätze in Szene setzen.

Folgende (z. T. bereichsübergreifende) Kompetenzen können mit diesem Unterrichtsbeispiel erreicht werden:
- altersgemäße Texte sinnverstehend lesen (Bereich „Lesen – mit Texten und Medien umgehen: Über Lesefähigkeiten verfügen"),
- Text genau lesen (Bereich „Lesen – mit Texten und Medien umgehen: Texte erschließen"),
- eigene Gedanken zu Texten entwickeln, zu Texten Stellung nehmen und mit anderen über Texte sprechen (Bereich „Lesen – mit Texten und Medien umgehen: Texte erschließen"),
- handelnd mit Texten umgehen, z. B.: umgestalten bzw. weiterdenken und inszenieren (Bereich „Lesen – mit Texten und Medien umgehen: Texte erschließen"),
- weiterführende Ideen im szenischen Spiel vortragen (Bereich „Lesen – mit Texten und Medien umgehen: Texte präsentieren"),
- sich in eine Rolle hineinversetzen und sie gestalten (Bereich „Sprechen und Zuhören: Szenisch spielen"),
- Situationen im Spiel szenisch entfalten (Bereich „Sprechen und Zuhören: Szenisch spielen")

Hinweise zum Unterricht

Materialien auf CD-ROM ⊚
- Lesetext (KV 63, Auszug auf S. 124)
- Arbeitsblatt mit W-Fragen (KV 64, S. 125)
- Aufgabenkarten (KV 65, Auszug auf S. 126)

- Tippkarten (KV 65, nur auf CD-ROM)
- Selbsteinschätzungsbogen (KV 62, S. 120)

Vorbereitung
- Lesetext (KV 63) in Klassenstärke kopieren
- Arbeitsblatt mit W-Fragen (KV 64) in Klassenstärke kopieren
- Selbsteinschätzungsbogen (KV 62) in Klassenstärke kopieren
- Aufgabenkarten (KV 65) nach Anzahl der Paare kopieren
- Tippkarten (KV 65) nach Anzahl der Paare kopieren

Ablauf
Zieltransparenz: „Du liest zunächst in Einzelarbeit einen Text und überlegst dann zusammen mit anderen Kindern in einer Kleingruppe, wie die Geschichte weitergehen könnte. Im Anschluss daran präsentiert ihr die Ergebnisse durch szenisches Spiel."

Hier wird eine weitere kooperative Lernform zur Gruppenfindung und -arbeit eingesetzt. Um eine zufällige Teammischung und somit eine Offenheit für unterschiedliche Lernpartner zu erreichen, wendet die Lehrerin die Think-Pair-Square-Methode an, die darüber hinaus auch die Teamfähigkeit der Kinder stärkt.

Think-Pair-Square-Methode
Jedes Kind beginnt in Einzelarbeit. Ist es mit der ersten Aufgabe fertig, sucht es sich ein anderes Kind, das ebenfalls fertig ist. Beide bekommen eine weitere Aufgabe. Im Anschluss daran sucht sich das Paar ein anderes Paar und bearbeitet gemeinsam als Gruppe eine dritte Aufgabe.

Einzelarbeit
Die Lehrerin verteilt den Text „Lars hat ein Problem" (KV 63), den die Kinder in Einzelarbeit still lesen. Schwachen Kindern liest die Lehrerin den Text vor.

Partnerarbeit
Danach erfolgt die Überprüfung, ob der Text tatsächlich von allen Kindern verstanden worden ist. Dazu beantworten sie in Partnerarbeit die vorgegebenen W-Fragen (KV 64).

Gruppenarbeit

Nach der abgeschlossenen Partnerarbeit suchen sich die Kinder ein weiteres Paar, um gemeinsam zu überlegen, welche der drei möglichen Aufgaben sie nun zusammen bearbeiten wollen. Auf den Aufgabenkarten 1 und 2 ist jeweils ein konkreter Auftrag formuliert. Gruppen, die keine eigenen Ideen entwickeln können, haben die Möglichkeit, sich eine Tippkarte (KV 65) zu holen. Bei Aufgabe 3 handelt es sich um einen offenen Arbeitsauftrag, denn hier sollen sich die Kinder eine Fortsetzung ausdenken. Er ist bewusst frei formuliert, um auch den besonders fantasievollen und kreativen Kinder gerecht zu werden.

Präsentation

Die einzelnen Gruppen stellen ihre Ergebnisse jeweils szenisch dar. Die Zuschauer haben im Anschluss an die Präsentation die Möglichkeit, ihre begründete Meinung zur Präsentation der Ergebnisse zu äußern (siehe S. 38, wertschätzendes Feedbackkultur).

Reflexion

Die Gruppenmitglieder überlegen gemeinsam, wie sie ihre Zusammenarbeit entsprechend der vorgegebenen Kriterien einschätzen. Sie erhalten dazu eine Tabelle mit Smileys (KV 62) und können durch Ankreuzen ihre Teamfähigkeit bewerten. Folgende Aspekte werden von den Kindern beurteilt:

• Wir haben gemeinsam die Aufgabe ausgewählt.
• Wir haben alle zusammengearbeitet.
• Wir haben ohne Streit miteinander gearbeitet.
• Wir haben gemeinsam eine Lösung gefunden.

KV 63

Name: _____ Datum: _____

Lars hat ein Problem (1)

Lars lebt mit seiner Mama alleine. Sein Papa ist vor einem Jahr bei ihm
und Mama ausgezogen. Papa wohnt jetzt in einer anderen Stadt und Lars
sieht ihn nur an zwei Wochenenden im Monat. Er ist jedes Mal sehr traurig,
wenn er wieder von Papa wegfahren muss. Lars und seine Mama Rita
wohnen in einer Wohnung, direkt gegenüber von seiner Schule. Sie haben
viel Spaß zusammen und kommen gut zurecht. Wenn Lars morgens in die
Schule geht, dann geht auch Mama zur Arbeit. Nach dem Unterricht bleibt
er in der Schule. In der Mittagsbetreuung macht er seine Hausaufgaben,
isst zu Mittag und spielt mit seinen Freunden. Um 16.00 Uhr ist er dann zu
Hause. Bis Mama kommt, dauert es noch eine Stunde. In dieser Stunde
darf er fernsehen oder Computer spielen, während er auf Mama wartet.
Heute ist ihm das Computerspiel aber schon nach kurzer Zeit langweilig.
Er muss immer an das letzte Wochenende bei Papa denken. Um sich
abzulenken, schaut er schnell einmal nach, ob neue E-Mails für ihn und
Mama angekommen sind. Tatsächlich da sind wirklich einige im Postfach.
Einen Absender kennt Lars nicht „Michael Meier". Wer könnte das nur
sein? Lars ist neugierig. Er klickt auf die Zeile und liest mit großen Augen
die Nachricht:

Posteingang

Liebe Rita,
es war toll am Wochenende mit dir
Pizza zu essen und dann tanzen zu
gehen. Das sollten wir unbedingt
bald noch einmal wiederholen. Wie
wäre es mit dem übernächsten
Wochenende? Dann brauchst du keinen
Babysitter für Lars. Er ist ja an diesen
Tagen bei seinem Vater.
Bitte melde dich. Ich freue mich schon
sehr auf deine Antwort.
Dein Michael

KV 64

Hast du den Text „Lars hat ein Problem" verstanden?

☺ ☺ Mit diesen Fragen kannst du das zusammen mit einem Partner
überprüfen.

1. Wo wohnt Lars' Papa?
2. Mit wem wohnt Lars zusammen?
3. Wie heißt Lars' Mama?
4. Wo wohnt Lars?
5. Um wie viel Uhr ist Lars zu Hause?
6. Wann kommt seine Mama nach Hause?
7. Was macht Lars nach der Schule?
8. Was steht in der E-Mail, die Lars öffnet?
9. Was macht er mit der E-Mail?
10. Warum hat Lars ein komisches Gefühl im Bauch?

Hast du den Text „Lars hat ein Problem" verstanden?

☺ ☺ Mit diesen Fragen kannst du das zusammen mit einem Partner
überprüfen.

1. Wo wohnt Lars' Papa?
2. Mit wem wohnt Lars zusammen?
3. Wie heißt Lars' Mama?
4. Wo wohnt Lars?
5. Um wie viel Uhr ist Lars zu Hause?
6. Wann kommt seine Mama nach Hause?
7. Was macht Lars nach der Schule?
8. Was steht in der E-Mail, die Lars öffnet?
9. Was macht er mit der E-Mail?
10. Warum hat Lars ein komisches Gefühl im Bauch?

KV 65

Arbeitsauftrag 1

Eine Fortsetzung spielen

Als Mama Lars abends ins Bett bringt, spürt Lars sein
schlechtes Gefühl ganz stark.
Es wäre wohl das Beste, mit Mama über das, was er getan hat,
zu reden.

**Denkt euch eine Fortsetzung für die Geschichte aus
und spielt sie eurer Klasse vor.**

Überlegt gemeinsam, welche Personen mitspielen
und ob ihr vielleicht einen Erzähler braucht.

Arbeitsauftrag 2

Mama will von Lars eine Erklärung

Lars erzählt Mama abends nicht, was er getan hat.
Mama findet einige Tage später heraus, dass er die E-Mail gelöscht hat,
weil sie diese zufällig im Papierkorb ihres E-Mail Programms findet.
Sie ist enttäuscht und stellt Lars nach der Schule zur Rede.

**Überlegt, warum Mama enttäuscht ist
und warum Lars die E-Mail gelöscht hat.
Spielt dann euren Mitschülern vor,
was ihr euch überlegt habt.**

Überlegt gemeinsam, welche Personen mitspielen
und ob ihr vielleicht einen Erzähler braucht.

4 Sprache und Sprachgebrauch untersuchen

Dieser Bereich ist nicht losgelöst, sondern als ein integrativer Bestandteil der anderen vier Kompetenzbereiche des Deutschunterrichts zu betrachten. Denn sowohl im schriftlichen als auch im mündlichen Sprachgebrauch ist es erforderlich, sich mit Sprache auseinanderzusetzen, um die individuellen Ausdrucksmöglichkeiten zu vertiefen und zu erweitern.

4.1 An Wörtern, Sätzen, Texten arbeiten: Apfelstrudel backen – Rezept mit verschiedenen Satzanfängen

Kompetenzen

Ausgehend von einem Rezept erfolgt die Einführung des sprachlichen Gestaltungsmittels „Satzanfänge". Im Sinne eines integrativen Sprachunterrichts wird hier gleichzeitig eine Schnittstelle zum Bereich „Schreiben – Texte verfassen" genutzt.

Im Verlauf der Unterrichtseinheit soll ein Gespür für sprachliche Gestaltung angebahnt bzw. weiterentwickelt werden. Als Ausgangsbasis für die Spracharbeit dient eine lebensnahe Situation, die die Kinder motiviert und bei der sie eigenständig handeln können. Das praktische Handeln beim Umsetzen des Rezeptes mündet im sprachlichen Handeln durch

- das Erkennen der richtigen Reihenfolge der Arbeitsschritte,
- das Sammeln unterschiedlicher Satzanfänge,
- die Veränderung der Satzstruktur bei der Verwendung der Satzanfänge,
- das Aufschreiben des Rezeptes.

Folgende Kompetenzen können mit diesem Unterrichtsbeispiel erreicht werden:
- Wörter sammeln (Bereich „Sprache und Sprachgebrauch untersuchen: An Wörtern, Sätzen, Texten arbeiten"),
- Textproduktion und Textverständnis durch die Anwendung von sprachlichen Strategien unterstützen (Bereich „Sprache und Sprachgebrauch untersuchen: An Wörtern, Sätzen, Texten arbeiten"),
- verständlich, strukturiert, adressaten- und funktionsgerecht schreiben: Sachverhalte (Bereich „Schreiben – Texte verfassen: Texte schreiben").

Hinweise zum Unterricht

Materialien auf CD-ROM ⊚
- Rollenkarten (KV 60, Auszug auf S. 118)
- Rezept als Satzstreifen (KV 66, S. 131)
- Arbeitsblatt „Wir backen einen Apfelstrudel" (KV 67, S. 132)
- Tippkarten (KV 68, S. 133)
- Lösungsblatt (KV 69, S. 134)
- Reflexionsbogen (KV 70, S. 135)
- Werkzeugkasten (KV 71, S. 136)
- Kärtchen für den Werkzeugkasten (KV 72, S. 137)

Weitere Materialien
- Postkarten nach Anzahl der Gruppen für die Teambildung
- Zutaten pro Gruppe für den Apfelstrudel: Äpfel, Honig, Zimt, Blätterteig
- Küchengeräte: ein Sparschäler, ein bis drei scharfe Messer, drei Brettchen, eine Schüssel, je einen Tee- und Esslöffel
- Papier für ein Klassenplakat sowie dicke Stifte (z. B. Fasermaler)

Vorbereitung
- pro Gruppe eine Postkarte; Postkarte in drei Teile zerschneiden und auf der Rückseite die Ziffern 1, 2 oder 3 notieren
- pro Gruppe die drei Rollenkarten „Flüsterstimmenchef", „Materialmanager" und „Leser" (KV 60) kopieren und laminieren
- Rezept (KV 66) pro Gruppe einmal kopieren
- Arbeitsblatt (KV 67) in Klassenstärke kopieren
- Tippkarten (KV 68), Lösungsblatt (KV 69) sowie Reflexionsbogen (KV 70) nach Anzahl der Gruppen kopieren
- Materialtisch vorbereiten, auf dem die benötigten Zutaten und Küchenutensilien in ausreichender Menge bereitstehen: Äpfel, Honig, Zimt, Blätterteig, Schäler, scharfe Messer, Brettchen, Schüsseln, Teelöffel, Esslöffel
- Papier für Plakat und dicke Fasermaler auslegen

Ablauf
Zieltransparenz: „Du backst mithilfe eines Rezepts in der Gruppe einen Apfelstrudel."

Diese Unterrichtseinheit basiert stark auf Gruppenarbeit, d. h. hier spielen kooperative Lernformen eine besondere Rolle.

Um eine zufällige Mischung in den Gruppen zu erreichen, setzt die Lehrerin das „Postkartenpuzzle" ein (vgl. S. 22). Die auf der Rückseite der einzelnen

Puzzleteile notierten Zahlen weisen dabei zugleich jedem Gruppenmitglied eine bestimmte Rolle zu. So wird jedes Kind aktiv in den Gruppenprozess eingebunden. Es gibt jeweils einen

- Materialmanager, der die entsprechenden Materialien für die Lernaufgabe der Gruppe holt und auch wieder wegbringt. Diskussionen, wer etwas holt oder zurückbringt, entfallen somit. Zudem bewegt sich nur ein Kind pro Gruppe im Klassenraum, was Unruhe vermeidet (methodische Kompetenz, Ziffer 1).
- Leser, der Texte bzw. Anweisungen vorliest (fachliche Kompetenz, Ziffer 2).
- Flüsterstimmenchef, der darauf achtet, dass in der Gruppe die Flüsterlautstärke nicht überschritten wird (soziale Kompetenz, Ziffer 3).
  (vgl. Bochmann/Kirchmann 2006, S. 60 f.)

Damit die Kinder sich ihre Rollen besser vergegenwärtigen können, erhalten sie die entsprechenden Rollenkarten (KV 60).

Während der eigentlichen Gruppenarbeitsphase setzen sich die Kinder selbstständig mit dem Rezept auseinander. Der Leser liest zunächst das Rezept (KV 66) vor. Dabei merken die Kinder, dass die Reihenfolge nicht stimmt. Sie schneiden die Satzstreifen aus, legen sie in die richtige Reihenfolge und nummerieren sie.

Der Materialmanager holt anschließend die Zutaten und die Arbeitsmaterialien. Die Gruppenmitglieder führen die Arbeitsschritte aus, nachdem sie die Aufgaben eigenständig untereinander aufgeteilt haben. Während der gesamten Arbeitsphase achtet der Flüsterstimmenchef auf die Lautstärke seiner Gruppe.

Im nächsten Schritt kommen sämtliche Gruppen im Plenum zusammen. Gemeinsam arbeiten die Kinder heraus, dass alle Sätze mit „Ich" beginnen und sammeln danach unterschiedliche Satzanfänge auf einem Plakat. Abschließend hängen sie das Plakat im Klassenzimmer gut sichtbar auf und kehren in ihre Gruppen zurück. Dort formulieren sie die Sätze um, indem sie passende Satzanfänge verwenden. Sie schreiben abwechselnd die Sätze auf das Arbeitsblatt (KV 67) und kontrollieren sich gegenseitig. Wenn nötig, kann sich die Gruppe eine Tippkarte (KV 68) holen. Die Gesamtkontrolle erfolgt durch ein Lösungsblatt (KV 69). Gegebenenfalls überarbeitet die Gruppe den Text.

Reflexion

Die Gruppenmitglieder überlegen gemeinsam, wie ihre eigene Arbeit entsprechend der vorgegebenen Kriterien einzuschätzen ist. Dazu malen sie auf dem Reflexionsbogen (KV 70) die jeweiligen Äpfel aus. Je besser die Arbeit gelungen ist, umso mehr wird ausgemalt. Folgende Aussagen sollen bewertet werden:

- Wir haben uns gegenseitig geholfen.
- Jeder von uns hat mitgearbeitet.
- Wir sind mit unserem Ergebnis zufrieden.

Festigung

Zur Sicherung der Satzanfänge (KV 72) werden diese auf den „Werkzeugkasten" (KV 71) geklebt. Hier kommen nach und nach während eines Schuljahres die „Werkzeuge" hinein, die – je nach Textsorte – allgemein für das Verfassen von Texten hilfreich sind, z. B. verschiedene Satzanfänge, viele Adjektive, passende Verben (gängige Wortfelder), wörtliche Rede, das Verbinden von Sätzen (Konjunktionen), das Vermeiden von Wiederholungen (Pronomen) usw. Die Kinder erhalten zu diesem Zweck eine Werkzeugkasten-Vorlage (KV 71) mit leeren Feldern, die sie in ihr Portfolio aufnehmen und sukzessive ergänzen.

KV 66

Name: _____ Datum: _____

Wir backen einen Apfelstrudel – Rezept

Zutaten: 1 Rolle Blätterteig, 3 Äpfel, 1 Esslöffel Honig, 1/2 Teelöffel Zimt

----

Ich schütte alles auf den Teig und verteile die Apfelstücke.

Ich backe den Apfelstrudel 30 Minuten lang im Ofen bei 200 Grad.

Ich rolle den Teig mit den Apfelstücken auf.

Ich schneide die Äpfel in kleine Stücke und gebe sie in eine Schüssel.

Ich entferne das Kerngehäuse.

Ich füge Honig und Zimt hinzu.

Ich schäle die Äpfel.

Ich rühre die Apfelstücke, den Honig und den Zimt vorsichtig um.

Ich klappe an den Seiten den Teig hoch und drücke ihn fest.

KV 67

Name: _____   Datum: _____

Wir backen einen Apfelstrudel – Rezept

1 Rolle Blätterteig
3 Äpfel
1 Esslöffel Honig
1/2 Teelöffel Zimt

Wir backen einen Apfelstrudel – Rezept

Tippkarte

- ➤ Verwendet für jeden Satz einen anderen Satzanfang.
- ➤ Die Satzanfänge schreibt ihr groß.
- ➤ **Achtung:** Ihr müsst die Sätze umstellen.
  Beispiel: Ich schäle die Äpfel. → Zuerst schäle ich die Äpfel.
- ➤ Beachtet die richtige Reihenfolge.

Wir backen einen Apfelstrudel – Rezept

Tippkarte

- ➤ Verwendet für jeden Satz einen anderen Satzanfang.
- ➤ Die Satzanfänge schreibt ihr groß.
- ➤ **Achtung:** Ihr müsst die Sätze umstellen.
  Beispiel: Ich schäle die Äpfel. → Zuerst schäle ich die Äpfel.
- ➤ Beachtet die richtige Reihenfolge.

Wir backen einen Apfelstrudel – Rezept

Tippkarte

- ➤ Verwendet für jeden Satz einen anderen Satzanfang.
- ➤ Die Satzanfänge schreibt ihr groß.
- ➤ **Achtung:** Ihr müsst die Sätze umstellen.
  Beispiel: Ich schäle die Äpfel. → Zuerst schäle ich die Äpfel.
- ➤ Beachtet die richtige Reihenfolge.

Wir backen einen Apfelstrudel – Rezept

Lösungsblatt zu den selbst geschriebenen Rezepten

An Stelle der Pünktchen können diese Satzanfänge stehen:

> **Nun   Danach   Als Nächstes   Darauf   Jetzt**
>
> **Anschließend   Dann**

Zuerst / Zu Beginn / Am Anfang schäle ich die Äpfel.

… entferne ich das Kerngehäuse.

… schneide ich die Äpfel in kleine Stücke und gebe sie in eine Schüssel.

… füge ich Honig und Zimt hinzu.

… rühre ich die Apfelstücke, den Honig und den Zimt vorsichtig um.

… schütte ich alles auf den Teig und verteile die Apfelstücke.

… rolle ich den Teig mit den Apfelstücken auf.

… klappe ich an den Seiten den Teig hoch und drücke ihn fest.

Zuletzt / Zum Schluss / Am Ende backe ich den Apfelstrudel 30 Minuten lang im Ofen bei 200 Grad.

Apfelstrudel – Wir denken über unsere Gruppenarbeit nach

Sprecht in der Gruppe über eure gemeinsame Arbeit. Entscheidet bei jedem Apfel, ob ihr ihn gar nicht, ein bisschen, zur Hälfte oder sogar ganz ausmalen könnt. Begründet eure Entscheidung.

Wir sind mit unserem Ergebnis zufrieden.

Jeder von uns hat mitgearbeitet.

Wir haben uns gegenseitig geholfen.

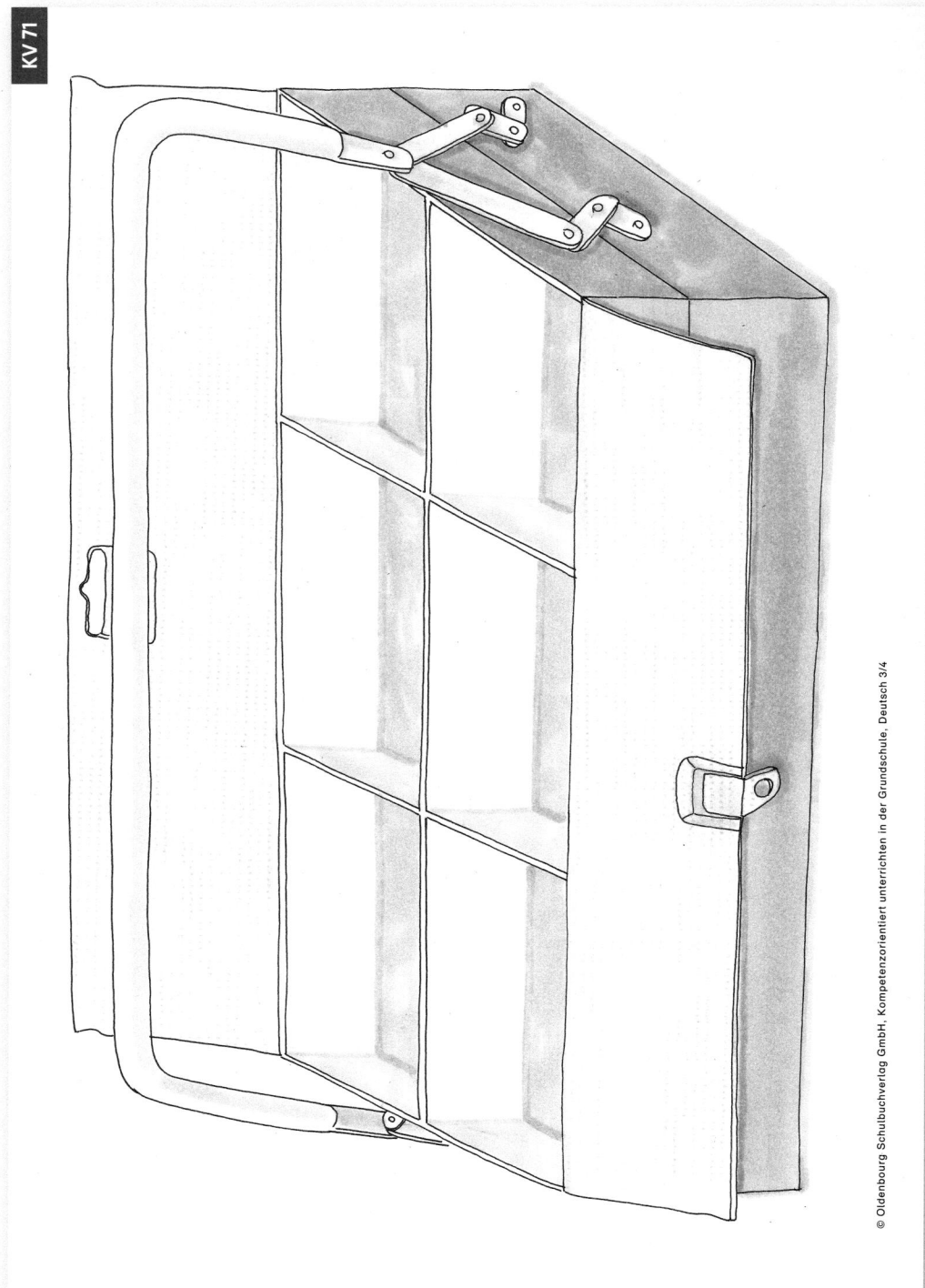

KV 71

KV 72

Verschiedene Satzanfänge

zuerst, zu Beginn, am Anfang,
danach, als Nächstes, dann,
anschließend, darauf, jetzt, nun
zuletzt, zum Schluss, am Ende

Verschiedene Satzanfänge

zuerst, zu Beginn, am Anfang,
danach, als Nächstes, dann,
anschließend, darauf, jetzt, nun
zuletzt, zum Schluss, am Ende

Verschiedene Satzanfänge

zuerst, zu Beginn, am Anfang,
danach, als Nächstes, dann,
anschließend, darauf, jetzt, nun
zuletzt, zum Schluss, am Ende

Verschiedene Satzanfänge

zuerst, zu Beginn, am Anfang,
danach, als Nächstes, dann,
anschließend, darauf, jetzt, nun
zuletzt, zum Schluss, am Ende

Verschiedene Satzanfänge

zuerst, zu Beginn, am Anfang,
danach, als Nächstes, dann,
anschließend, darauf, jetzt, nun
zuletzt, zum Schluss, am Ende

Verschiedene Satzanfänge

zuerst, zu Beginn, am Anfang,
danach, als Nächstes, dann,
anschließend, darauf, jetzt, nun
zuletzt, zum Schluss, am Ende

Verschiedene Satzanfänge

zuerst, zu Beginn, am Anfang,
danach, als Nächstes, dann,
anschließend, darauf, jetzt, nun
zuletzt, zum Schluss, am Ende

Verschiedene Satzanfänge

zuerst, zu Beginn, am Anfang,
danach, als Nächstes, dann,
anschließend, darauf, jetzt, nun
zuletzt, zum Schluss, am Ende

Verschiedene Satzanfänge

zuerst, zu Beginn, am Anfang,
danach, als Nächstes, dann,
anschließend, darauf, jetzt, nun
zuletzt, zum Schluss, am Ende

Verschiedene Satzanfänge

zuerst, zu Beginn, am Anfang,
danach, als Nächstes, dann,
anschließend, darauf, jetzt, nun
zuletzt, zum Schluss, am Ende

Verschiedene Satzanfänge

zuerst, zu Beginn, am Anfang,
danach, als Nächstes, dann,
anschließend, darauf, jetzt, nun
zuletzt, zum Schluss, am Ende

Verschiedene Satzanfänge

zuerst, zu Beginn, am Anfang,
danach, als Nächstes, dann,
anschließend, darauf, jetzt, nun
zuletzt, zum Schluss, am Ende

Verschiedene Satzanfänge

zuerst, zu Beginn, am Anfang,
danach, als Nächstes, dann,
anschließend, darauf, jetzt, nun
zuletzt, zum Schluss, am Ende

Verschiedene Satzanfänge

zuerst, zu Beginn, am Anfang,
danach, als Nächstes, dann,
anschließend, darauf, jetzt, nun
zuletzt, zum Schluss, am Ende

Verschiedene Satzanfänge

zuerst, zu Beginn, am Anfang,
danach, als Nächstes, dann,
anschließend, darauf, jetzt, nun
zuletzt, zum Schluss, am Ende

Verschiedene Satzanfänge

zuerst, zu Beginn, am Anfang,
danach, als Nächstes, dann,
anschließend, darauf, jetzt, nun
zuletzt, zum Schluss, am Ende

Verschiedene Satzanfänge

zuerst, zu Beginn, am Anfang,
danach, als Nächstes, dann,
anschließend, darauf, jetzt, nun
zuletzt, zum Schluss, am Ende

Verschiedene Satzanfänge

zuerst, zu Beginn, am Anfang,
danach, als Nächstes, dann,
anschließend, darauf, jetzt, nun
zuletzt, zum Schluss, am Ende

Verschiedene Satzanfänge

zuerst, zu Beginn, am Anfang,
danach, als Nächstes, dann,
anschließend, darauf, jetzt, nun
zuletzt, zum Schluss, am Ende

Verschiedene Satzanfänge

zuerst, zu Beginn, am Anfang,
danach, als Nächstes, dann,
anschließend, darauf, jetzt, nun
zuletzt, zum Schluss, am Ende

Verschiedene Satzanfänge

zuerst, zu Beginn, am Anfang,
danach, als Nächstes, dann,
anschließend, darauf, jetzt, nun
zuletzt, zum Schluss, am Ende

Verschiedene Satzanfänge

zuerst, zu Beginn, am Anfang,
danach, als Nächstes, dann,
anschließend, darauf, jetzt, nun
zuletzt, zum Schluss, am Ende

Verschiedene Satzanfänge

zuerst, zu Beginn, am Anfang,
danach, als Nächstes, dann,
anschließend, darauf, jetzt, nun
zuletzt, zum Schluss, am Ende

Verschiedene Satzanfänge

zuerst, zu Beginn, am Anfang,
danach, als Nächstes, dann,
anschließend, darauf, jetzt, nun
zuletzt, zum Schluss, am Ende

4.2 Sprachliche Verständigung untersuchen: „Da haben wir den Salat!" – Die Bedeutung von Redensarten

Kompetenzen

In dieser Unterrichtseinheit erfahren die Kinder, dass Redensarten nicht wörtlich zu nehmen sind. Man sagt etwas, meint aber etwas ganz anderes. Die Schüler setzen sich intensiv mit Sprache auseinander, sodass sie den übertragenen Sinn der Redensarten besser verstehen. Dadurch können Missverständnisse vermieden werden. Die Kinder werden zudem für den Bedeutungsreichtum unserer Sprache sensibilisiert und erproben selbst, sich anschaulich auszudrücken.

Im Sinne eines integrativen Sprachunterrichts wird hier gleichzeitig eine Schnittstelle zum Bereich „Lesen – mit Texten und Medien umgehen" genutzt.

> Folgende (z. T. bereichsübergreifende) Kompetenzen können mit diesem Unterrichtsbeispiel erreicht werden:
> - Beziehung zwischen Absicht, sprachlichen Merkmalen und Wirkungen untersuchen (Bereich „Sprache und Sprachgebrauch untersuchen: Sprachliche Verständigung untersuchen"),
> - über Verstehens- und Verständigungsprobleme sprechen (Bereich „Sprache und Sprachgebrauch untersuchen: Sprachliche Verständigung untersuchen"),
> - altersgemäße Texte sinnverstehend lesen (Bereich „Lesen – mit Texten und Medien umgehen: Über Lesefähigkeiten verfügen"),
> - Angebote im Internet kennen, nutzen und begründet auswählen (Bereich „Lesen – mit Texten und Medien umgehen: Über Leseerfahrung verfügen").

Hinweise zum Unterricht

Materialien auf CD-ROM ◎
- Bildvorlage (KV 73, nur auf CD-ROM)
- Aufgabenkarten (KV 73, Auszug auf S. 141)
- Satzstreifen (KV 74, S. 142)
- Lösungskarten (KV 75, S. 143)
- Piktogramm für Meetingpoint (KV 28, S. 70)
- Arbeitsblatt 1 und 2 zu den Redensarten (KV 76 und 77, S. 144 f.)

Weitere Materialien
- Papier für ein Plakat sowie dicke Fasermaler

Vorbereitung

- Bildvorlage (KV 73) ggf. vergrößert kopieren
- Aufgabenkarte für die Einzelarbeit auf DIN A3 vergrößern (KV 73)
- Satzstreifen mit je einer Redensart (KV 74) nach Anzahl der Paare doppelt kopieren und ausschneiden
- PCs bzw. Notebooks im Klassenzimmer aufstellen oder den Zugang zu einem Computerraum ermöglichen, damit die Kinder Recherchen im Internet durchführen können; sollten keine Computer zur Verfügung stehen, kann die Lehrerin die Bedeutung der einzelnen Redensarten auf einer Vorlage notieren und diese Informationsblätter an die einzelnen Gruppen austeilen.
- Lösungskarten ausschneiden (KV 75)
- Schild für Meetingpoint (KV 28) kopieren und laminieren
- Die Arbeitsblätter 1 und 2 zu den Redensarten (KV 76 und 77) in Klassenstärke kopieren
- Papier für ein Plakat bereitstellen, ebenso dicke Fasermaler

Ablauf

Vorbereitend hängt die Lehrerin innen auf der linken Seitentafel das Bild von dem Salatkopf (KV 73) auf. Auf der rechten Innenseite befestigt sie die zweite Abbildung (KV 73); hier ist das Kind zu sehen, dem ein Spaghetti-Teller heruntergefallen ist. Auf der Mitteltafel notiert sie: „Da haben wir den Salat!" Am Ende klappt sie die Tafel zu, sodass Bilder und Text verdeckt sind.

Zum Auftakt der Unterrichtseinheit wird dann als stummer Impuls die Tafel wieder aufgeklappt. Anschließend formuliert die Lehrerin den Arbeitsauftrag (KV 73) für die Einzelarbeit: „Nur ein Bild passt zu dem Satz ,Da haben wir den Salat!' Begründe." Ergänzend kann sie den Auftrag als Karte in dem Mittelfeld der Tafel anbringen.

Die Kinder schreiben ihre Entscheidung mit Begründung auf ein Blatt Papier. Das Ergebnis wird zunächst per Abstimmung mit Handzeichen von der Lehrerin abgefragt. Danach können die Kinder ihre Begründungen vorlesen. Gemeinsam wird geklärt, dass es sich bei dem Satz um eine Redensart handelt und Redensarten nicht wörtlich zu verstehen sind, sondern in Wirklichkeit eine andere Bedeutung haben.

Zieltransparenz: „Du recherchierst die Bedeutung verschiedener Redensarten und erklärst sie anderen Kindern."

Zu diesem Zweck werden wieder nach dem Zufallsprinzip zusammengestellte Gruppen gebildet (Stichwort „kooperative Lernformen"), um eine Offenheit der Kinder für unterschiedliche Lernpartner zu erreichen. In diesem Fall kommt die „Line-up"-Methode zum Einsatz.

Line-up
Die Kinder stellen sich in einer Reihe auf – allerdings geordnet nach einem vorgegebenen Kriterium, z. B. dem Anfangsbuchstaben des Vornamens. Die Partnerfindung erfolgt nun nach einem weiteren beliebigen Kriterium. Beispiel: Jeweils die äußeren Kinder auf jeder Seite bilden ein Paar.

Im Klassenzimmer liegen verschiedene Redensarten auf Satzstreifen (KV 74) doppelt aus, sodass die Paare genügend Auswahl haben. Jedes Paar sucht sich eine Redensart aus und recherchiert deren Bedeutung am Computer. Falls keine oder zu wenige Computer zur Verfügung stehen, kann die Lehrerin im Vorfeld die Bedeutung der einzelnen Redensarten aufschreiben und im Raum auslegen. Hat ein Paar die Aufgabe abgeschlossen, kann es sein Ergebnis mithilfe der Lösungskarte (KV 75) überprüfen.

Nach dieser Phase treffen sich jeweils zwei Paare, die bereits fertig sind, am Meetingpoint (KV 28; siehe auch S. 55). An einem selbstgewählten Platz stellen sie sich gegenseitig ihre Redensarten und deren Bedeutung vor. Anschließend gehen die einzelnen Teams wieder zum Meetingpoint und suchen sich ein neues Paar.

Reflexion
Zur Reflexion wird an dieser Stelle die Drei-Finger-Einschätzung eingesetzt (vgl. S. 49). Die Lehrerin stellt folgende drei Fragen:
• Habt ihr beim Recherchieren zusammengearbeitet?
• Konntest du mit deinem Partner gut zusammenarbeiten?
• Hat der Austausch über die Redensarten mit den anderen Paaren geklappt?

Festigung
Um die erarbeitete Thematik zu festigen, können die Kinder in Einzel- oder Partnerarbeit ein Aufgabenblatt (KV 76) bearbeiten. Im Anschluss daran erstellen sie ein Plakat mit den Redensarten und ihrer entsprechenden Bedeutung, das dann in der Klasse aufgehängt wird. Als Möglichkeit zur Differenzierung kann die Lehrerin ein zusätzliches Aufgabenblatt (KV 77) zu den Redensarten austeilen.

Nur ein Bild passt zu „Da haben wir den Salat". Begründe.

KV 74

Ausgewählte Redensarten (Satzstreifen):

jemandem auf den Wecker gehen
die Zähne zusammenbeißen
ein Brett vor dem Kopf haben
Tomaten auf den Augen haben
jemandem geht ein Licht auf
jemanden auf den Arm nehmen
Honig ums Maul schmieren
auf der Leitung stehen

jemandem auf den Wecker gehen
die Zähne zusammenbeißen
ein Brett vor dem Kopf haben
Tomaten auf den Augen haben
jemandem geht ein Licht auf
jemanden auf den Arm nehmen
Honig ums Maul schmieren
auf der Leitung stehen

KV 75

Lösungskarten: Redensarten ✂

jemandem auf den Wecker gehen

bedeutet

jemandem auf die Nerven gehen

jemandem geht ein Licht auf

bedeutet

etwas plötzlich verstehen

✂

die Zähne zusammen- beißen

bedeutet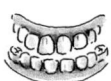

sich bei etwas Unangenehmen beherrschen

jemanden auf den Arm nehmen

bedeutet

sich über jemanden lustig machen

ein Brett vor dem Kopf haben

bedeutet

etwas nicht sofort verstehen

Honig ums Maul schmieren

bedeutet

sich bei jemandem einschmeicheln

Tomaten auf den Augen haben

bedeutet

etwas gut Sichtbares nicht bemerken

auf der Leitung stehen

bedeutet

etwas nicht begreifen

KV 76

Redensarten

Schreibe selbst eine Redensart auf und überlege
dir eine richtige und zwei falsche Bedeutungen.

_____

_____

_____

+ _____

– _____

– _____

Redensarten

Schreibe selbst eine Redensart auf und überlege
dir eine richtige und zwei falsche Bedeutungen.

_____

_____

_____

+ _____

– _____

– _____

KV 77

Name: _____ Datum: _____

Redensarten

1. Markiere jede Redensart, ihre Bedeutung und das passende Bild in einer Farbe.

Tomaten auf den Augen haben	auf der Leitung stehen	jemanden auf den Arm nehmen

sich über jemanden lustig machen	etwas gut Sichtbares nicht bemerken	etwas nicht begreifen

2. Was bedeuten die folgenden Redewendungen? Kreuze an.

Mir geht ein Licht auf.
- [ ] Eine Kerze anzünden.
- [ ] Etwas plötzlich verstehen.
- [ ] Das Licht anmachen.

Die Zähne zusammenbeißen.
- [ ] Beim Zahnarzt den Mund nicht aufmachen.
- [ ] Sich bei etwas Unangenehmem zurückhalten und beherrschen.
- [ ] In etwas Unangenehmes hinein beißen.

Honig ums Maul schmieren.
- [ ] Mit der Zunge Honig schlecken.
- [ ] Jemandem Honig ins Gesicht schmieren.
- [ ] Sich bei jemandem einschmeicheln.

Du gehst mir auf den Wecker.
- [ ] Du gehst mir auf die Nerven.
- [ ] Du setzt dich auf deinen Wecker.
- [ ] Du hast tolle Ideen.

3. Male auf der Rückseite Bilder zu zwei Redensarten von Aufgabe 2.

5 Lernarrangement

Sucht man in der Literatur nach einer allgemein anerkannten Definition für „Lernarrangement", wird man schnell feststellen, dass es eine solche nicht gibt. Die Fachwelt beschränkt sich lediglich auf die Beschreibung von Merkmalen:

- Die Kompetenzförderung muss im Vordergrund stehen und zwar in Verbindung mit den Inhalten, jedoch ohne sich primär an diesen zu orientieren. Die Eigenaktivität und die Motivation der Lernenden sollen gefördert werden, indem sie eine Zieltransparenz bezüglich ihrer Lern- und Arbeitsprozesse erhalten.
- Lernarrangements dienen dazu, das eigenständige und selbstgesteuerte Lernen zu unterstützen und Kinder in der Arbeit mit verschiedenen Partnern und Gruppen in ihrer Teamfähigkeit zu stärken.
- Die Lernaufgaben der Lernarrangements sollen eine individuelle Förderung der Lernenden beinhalten und somit allen Kindern Lernchancen eröffnen. Individuelles Arbeiten wird mit fachlichem Lernen kombiniert.
- Die Ergebnisse der Lernaufgaben sollen von den Kindern auf unterschiedliche Weise präsentiert werden. Dabei lernen sie verschiedene Formen der Präsentation kennen und erweitern zudem ihr Wissen.
- Die erworbenen Kompetenzen sollen reflektiert werden, beispielsweise durch Selbstbeobachtungsbögen. Sie sollen auch übertragbar sein, d. h. mit den bereits vorhandenen Kompetenzen vernetzt werden, sodass eine Transferleistung bei ähnlichen Aufgaben gewährleistet werden kann.
- Während der Arbeit an Lernarrangements steht der soziale Aspekt im Vordergrund. Das bedeutet, dass alle Beteiligten wertschätzend und höflich miteinander umgehen und ein verantwortliches Handeln zeigen.

(vgl. Schecker 2011)

Lernarrangements lassen sich nicht in die zumeist nur 45 Minuten umfassende Unterrichtsstunde integrieren. Daher muss die zeitliche Strukturierung eines Schulvormittags entsprechend der intensiven Arbeitssituationen des Lernarrangements rhythmisiert werden.

5.1 Zu Grimms Märchen arbeiten / Eine Ausstellung der Ergebnisse planen

Kompetenzen

Um dieses Lernarrangement mit einer Klasse durchführen zu können, muss vorab sichergestellt sein, dass die Kinder über ein Grundwissen zum Thema Märchen verfügen bzw. einige Märchen kennen. Auf der CD-ROM stehen vier Märchen (Rapunzel, Schneewittchen, Dornröschen, Rumpelstilzchen; KV 78–81) zur Auswahl, die vorab vorgelesen bzw. von den Kindern eigenständig gelesen werden können. Das Lernarrangement besteht aus zwei Teilen. Zunächst werden verschiedene Lernaufgaben zu Grimms Märchen angeboten, im zweiten Teil erfolgt die Vorbereitung der Präsentation.

Folgende Kompetenzen des Deutschunterrichts können mit diesem Unterrichtsbeispiel erreicht werden:

- altersgemäße Texte sinnverstehend lesen (Bereich „Lesen – mit Texten und Medien umgehen: Über Lesefertigkeiten verfügen"),
- Verfahren zur Orientierung über einen Text nutzen (Bereich „Lesen – mit Texten und Medien umgehen: Texte erschließen"),
- gezielt Informationen suchen (Bereich „Lesen – mit Texten und Medien umgehen: Texte erschließen"),
- Texte genau lesen (Bereich „Lesen – mit Texten und Medien umgehen: Texte erschließen"),
- handelnd mit Texten umgehen (Bereich „Lesen – mit Texten und Medien umgehen: Texte erschließen"),
- Texte zum Vorlesen vorbereiten und sinngestaltend vorlesen (Bereich „Lesen – mit Texten und Medien umgehen: Texte präsentieren"),
- Schreibabsicht und Schreibsituation klären (Bereich „Schreiben – Texte verfassen: Texte planen"),
- sprachliche und gestalterische Mittel sammeln und nutzen (Bereich „Schreiben – Texte verfassen: Texte schreiben"),
- verständlich und strukturiert schreiben: Erfundenes und Aufforderung, Erfahrungen und Sachverhalte (Bereich „Schreiben – Texte verfassen: Texte schreiben"),
- Text an der Schreibaufgabe überprüfen (Bereich „Schreiben – Texte verfassen: Texte überarbeiten"),
- gemeinsam entwickelte Gesprächsregeln beachten, z. B. beim Thema bleiben, andere zu Ende sprechen lassen (Bereich „Sprechen und Zuhören: Gespräche führen"),
- Sprechbeiträge und Gespräche situationsangemessen planen (Bereich „Sprechen und Zuhören: Zu anderen sprechen"),
- Lernergebnisse präsentieren (Bereich „Sprechen und Zuhören: Über Lernen sprechen").

Hinweise zum Unterricht

Materialien zu Teil 1 auf CD-ROM ⊚
- Märchentexte (KV 78–81)
- Text „Die Brüder Jakob und Wilhelm Grimm und ihre Märchen" (KV 82, Auszug auf S. 154), Arbeitsaufträge (KV 83, S. 155), Fragen zum Text (KV 84, Auszug auf S. 156) und Lösungsblatt (KV 85, S. 157)
- Märchentext „Fundevogel" (KV 86, Auszug auf S. 158)
- Text „Rapunzel – So ein Durcheinander" (KV 87, Auszug auf S. 159) und Arbeitsauftrag (KV 88, S. 160)
- Text „Dornröschen und Schneewittchen" (KV 89, Auszug auf S. 161), Arbeitsauftrag (KV 90, S. 162) und Lösungsblatt (KV 91, Auszug auf S. 163)
- Lernaufgabe „Märchen schreiben" (KV 92, S. 164)
- Lernaufgabe „Ein Märchen-Akrostichon schreiben" (KV 93, S. 165)
- Lernaufgabe „Plakat zum Leben und der Arbeit der Brüder Grimm anfertigen" (KV 94, S. 166)
- Lernaufgabe „Ein Cluster zu den Märchenmerkmalen erstellen" (KV 95, S. 167)
- Lernaufgabe „Märchen mit verteilten Rollen vorlesen" (KV 96, S. 168)
- Lernaufgabe „Selbst geschriebene Märchen vorlesen und auf Merkmale überprüfen" (KV 97, S. 169)
- Lernaufgabe „Eine Einladung schreiben" (KV 99, S. 171)
- Lernaufgabe „Ein Werbeplakat für die Ausstellung erstellen" (KV 100, S. 172)
- Lernaufgabe „Einen Bericht für die Schulhomepage schreiben" (KV 101, S. 173)
- Lernaufgabe „Ein Programm für die Ausstellung entwerfen" (KV 102, S. 174)
- Lernaufgabe „Ein Märchenquiz erstellen" (KV 103, S. 175)
- Lernaufgabe „Eine märchenhafte Dekoration herstellen" (KV 104, S. 176)
- Lernbegleiter (KV 98, S. 170)

Weitere Materialien
- eine Wäscheklammer pro Kind als Namensschild
- selbstgefertigte Kärtchen zur Partnerfindung

Materialien zu Teil 2 auf CD-ROM ⊚
- Rollenkarten (KV 60, Auszug auf S. 118)

Weitere Materialien
- Wörterbücher
- liniertes Papier zum Schreiben
- farbiges Papier für Einladungen
- jeweils einige Bögen weißes Papier in DIN A4 und DIN A3 zum Aufkleben
- zwei Plakate

- dicke farbige Fasermaler
- großes Tonpapier oder großer Tonkarton (für Plakat u. Ä.)
- Scheren, Kleber
- Karteikarten (für Quizfragen und einige Lernaufgaben)
- Märchenbücher (für die Beantwortung der Quizfragen)
- verschiedene Materialien für die Kreativgruppe, z. B.: buntes Papier, Goldfolie, Perlen, Stoff, Wolle, Stoffreste etc.

Vorbereitung
- Wäscheklammern mit den Namen der Kinder versehen (= Namensschilder)
- in Anzahl der Paare (halbe Klassenstärke) kopieren: KV 82–KV 93; Märchenmerkmale von KV 92 kopieren und später bei Station 2 auslegen
- in Anzahl der Gruppen kopieren: KV 94–97 (weiterführende Aufgaben passend zu Station 1–6, Teil 1) sowie KV 99–104 (Lernaufgaben, Teil 2)
- KV 98 als Klassensatz kopieren
- KV 78–81 jeweils ca. acht Mal (= Differenzierungsangebot Märchen zum Lesen) kopieren
- Materialien, um Plakate u. Ä. zu gestalten, bereitstellen
- Kärtchen zur Partnerfindung mit verschiedenen Märchenbegriffen beschriften
- Rollenkarten (KV 60) kopieren und laminieren

Ablauf
Wie bereits erwähnt, ist das Lernarrangement in zwei Teile gegliedert. Das übergeordnete Ziel beider Teile wird zu Beginn den Kindern vorgestellt.

Zieltransparenz: „Unser großes Ziel ist es, eine Märchenausstellung zu gestalten, zu der eine andere Klasse eingeladen wird. Dafür wirst du dich in einem ersten Teil intensiv mit Märchen beschäftigen. In einem zweiten Teil bereitest du die Märchenausstellung vor."

Anschließend geht die Lehrerin ausführlicher auf das Ziel des ersten Teils ein.

1. Teil

Zieltransparenz: „Du wählst mit einem Partner eine Station zum Thema Märchen aus. Danach triffst du dich mit einem anderen Team, das die gleiche Station bearbeitet hat, um eure Ergebnisse und euer Wissen auszutauschen. Anschließend bekommst du mit der Gruppe einen weiterführenden Arbeitsauftrag, der zu der bearbeiteten Aufgabe passt."

Die Lehrerin hat im Raum folgende sechs Stationen aufgebaut und erklärt den Kindern kurz die Arbeitsaufträge.

1. Die Brüder Grimm (KV 82 – 85)
2. Märchen „Fundevogel" (KV 86)
3. Rapunzel durcheinander (KV 87 und 88)
4. Schneewittchen und Dornröschen durcheinander (KV 89 – 91)
5. Ein Märchen schreiben unter Beachtung der Märchenmerkmale (KV 92)
6. Ein Märchen-Akrostichon schreiben (KV 93)

Im Anschluss daran ziehen die Kinder Kärtchen mit verschiedenen Märchenbegriffen (jeder Begriff ist in doppelter Ausführung vorhanden) und finden sich dann als Paare zusammen. Auf diese Weise wird das kooperative Lernen gefördert (s. a. Infokasten auf S. 105) und eine zufällige Partnerfindung erreicht.

Die Kinder entscheiden sich zu zweit für eine Lernaufgabe und heften ihre mit Namen versehenen Wäscheklammern an die jeweilige Station. Dabei dürfen nur vier Kinder parallel an einer Station arbeiten. Das bedeutet, dieser Stationenaufbau ist für maximal 24 Kinder geeignet. Bei weniger Schülern kann die Lehrerin eine Aufgabe weglassen, bei größeren Klassen kann die „zugelassene Höchstzahl" pro Station auf sechs Kinder angehoben werden. Alternativ kann man natürlich einzelne Lernaufgaben zweimal anbieten.

Die Kinder nehmen sich das entsprechende Material und beginnen mit ihrer Arbeit. Sind sie mit ihrer Aufgabe fertig, werden die Ergebnisse und das Wissen beider Teams zusammengefügt. Die Kinder bilden also an ihrer jeweiligen Station eine Vierergruppe, tauschen sich zunächst untereinander aus und bekommen dann eine weiterführende Lernaufgabe:

passend zu Station 1:	Ein Plakat über Leben und Arbeit der Brüder Grimm anfertigen (KV 94)
passend zu Station 2:	Ein Cluster zu den Märchenmerkmalen erstellen (KV 95)
passend zu Station 3 und 4:	Märchen mit verteilten Rollen vorlesen (KV 96)
passend zu Station 5 und 6:	Selbst geschriebene Märchen vorlesen und auf Merkmale überprüfen (KV 97)

Entstehen Leerläufe, da die Teams oder Gruppen aufeinander warten müssen, kann man den Kindern zum Lesen weitere Märchen zur Verfügung stellen. Dazu eigenen sich beispielsweise die Texte auf der CD-ROM (KV 78 – 81) oder Märchenbücher.

Nachdem alle Gruppen ihre Arbeit abgeschlossen haben, stellen sie den anderen ihre Ergebnisse der Reihe nach vor. Diese werden durch Applaus oder eine mündliche Rückmeldung gewürdigt. Dabei gilt: Wer eine negative Anmerkung hat, muss auch ein Lob aussprechen bzw. eine positive Rückmeldung geben (siehe dazu S. 38, Feedbackkultur).

Reflexion

Um über die Gruppenarbeit zu reflektieren, erhalten die Kinder unterstützend die „Lernbegleiter"-Vorlage (KV 98). Hier soll jedes Kind für sich den individuellen Lernzuwachs notieren, den es durch diese Unterrichtseinheit erfahren hat. Darüber hinaus machen sich die Schüler über das Ausfüllen noch einmal bewusst, worum es inhaltlich an diesem Tag ging. Setzt man diese Form von Reflexion bei Lernarrangements bzw. bei komplexeren Unterrichtseinheiten regelmäßig ein, kann das Kind selbst seine Lernfortschritte dokumentieren. Es empfiehlt sich, die Lernbegleiterblätter gesondert in einem Hefter zu sammeln.

2. Teil

Zieltransparenz: „Du wählst nun eine Lernaufgabe, um die Märchenausstellung vorzubereiten. Dazu arbeitest du in einer neuen Gruppe."

Die Lehrerin hat wiederum sechs verschiedene Angebote auf entsprechend viele Gruppentische verteilt und stellt sie den Kindern kurz vor. Dabei hebt sie die Wichtigkeit jeder einzelnen Gruppe hervor.

Station 1: Eine Einladung schreiben (KV 99)
Station 2: Ein Werbeplakat für die Ausstellung gestalten (KV 100)
Station 3: Einen Bericht für die Schulhomepage (alternativ: für die Schülerzeitung) schreiben (KV 101)
Station 4: Ein Programm für die Ausstellung entwerfen (KV 102)
Station 5: Ein Märchenquiz erstellen (KV 103)
Station 6: Eine märchenhafte Dekoration herstellen (KV 104)

Nachdem den Kindern die unterschiedlichen Lernaufgaben klar sind, haben sie nochmals ca. ein bis zwei Minuten Zeit, um durch den Klassenraum zu gehen, sich die entsprechenden Aufgaben auf den Gruppentischen anzusehen und sich für eine Lernaufgabe zu entscheiden. Dabei läuft eine ruhige und leise Musik im Hintergrund. Sobald die Musik endet, setzt sich jedes Kind an eine Station. Wichtig ist, dass nicht mehr als vier Kinder in einer Gruppe sind. Falls sich doch mehr als vier Kinder für eine Lernaufgabe entscheiden, kann eine Aufgabe auch zweimal vergeben werden und eine andere entfällt zunächst. Die Lehrerin kann dann im zweiten Schritt überlegen, ob diese Lernaufgabe tatsächlich ganz gestrichen wird, die gesamte Klasse die übrig gebliebene Lernaufgabe erledigt oder ob sie der Klasse anbietet, selbst die Bearbeitung der Lernaufgabe zu übernehmen.

Bei diesen Gruppenarbeiten ist es sinnvoll, Rollen zu verteilen, damit die Kinder sich in positiver Abhängigkeit voneinander an der Lernaufgabe beteiligen und individuell Verantwortung übernehmen. Auf diese Weise tragen alle Gruppenmitglieder mit ihren speziellen Rollen zum fachlichen Ergebnis bei. (vgl. Bochmann/Kirchmann 2006, S. 60)

Die Lehrerin kann die Rollen den einzelnen Gruppenmitgliedern gezielt individuell zuweisen oder eine zufällige Verteilung durch das Ziehen von Rollenkarten (KV 60) vornehmen.

Folgende Rollen gilt es zu besetzen:
- Zeitwächter (methodische Rolle); er sorgt dafür, dass die vorgegebenen Zeiten eingehalten werden und erinnert die Gruppe in regelmäßigen Abständen daran, wie viel Zeit noch verbleibt. So bekommen die Kinder ein Zeitgefühl und arbeiten konzentrierter in der verbleibenden Zeit.
- Materialmanager (methodische Rolle); er holt die entsprechenden Materialien für die Lernaufgabe der Gruppe und bringt sie wieder weg. Diskussionen, wer etwas holt oder zurückbringt, entfallen. Somit bewegt sich nur ein Kind pro Gruppe im Klassenraum, wodurch Unruhe vermieden wird.
- Schreiber (fachliche Rolle); er hat die Aufgabe, Schreibarbeiten zu übernehmen. Die Gruppe hilft bei Formulierungen und der Rechtschreibung.
- Maler (fachliche Rolle); er übernimmt die Zeichen- und Malarbeiten. Vorschläge der Gruppenmitglieder werden von ihm umgesetzt und kreativ ausgestaltet.
- Flüsterstimmenchef (soziale Rolle); er achtet darauf, dass in der Gruppe die Flüsterlautstärke nicht überschritten wird.
- Themakontrolle (soziale Rolle); sie kann für zwei Bereiche zuständig sein: Sie sorgt dafür, dass die Gruppenmitglieder nicht vom Thema abschweifen. Außerdem kontrolliert sie, dass die Vorgaben der Lernaufgabe eingehalten und umgesetzt werden.
- Ermutiger (soziale Rolle); er lobt die Beiträge der Teammitglieder und ermutigt alle, sich in die Arbeit der Gruppe einzubringen.

(vgl. Bochmann/Kirchmann 2006, S. 60f.)

Nicht in jeder Gruppe können und müssen alle Rollen vergeben werden. Die Rollenzusammensetzung hängt davon ab, an welcher Station die Kinder arbeiten. So benötigt man für die Lernaufgaben 1, 3 und 5 jeweils einen Zeitwächter, Schreiber, Flüsterstimmenchef sowie eine Themakontrolle. Für die Lernaufgaben 2 und 4 sind jeweils ein Zeitwächter, Schreiber, Materialmanager und Maler erforderlich. Die Lernaufgabe 6 setzt sich zusammen aus einem Zeitwächter, Materialmanager, Flüsterstimmenchef und Ermutiger.

Auch hier gilt wieder: Entstehen Leerläufe, da die Teams oder Gruppen aufeinander warten müssen, kann man den Kindern zum Lesen weitere Märchen zur Verfügung stellen. Dazu eigenen sich beispielsweise die Texte auf der CD-ROM (KV 78–81) oder Märchenbücher.

Reflexion

In dieser Phase kommt die „Drei-Finger-Einschätzung" (siehe dazu Infokasten auf S. 49) zum Einsatz. Mithilfe dieser Methode können die Kinder über ihre Erfahrungen bei der Gruppenarbeit reflektieren. Die Lehrerin erhält wiederum einen schnellen Überblick und kann noch einmal gezielt nachfragen, falls nur ein Finger hochgehalten wird („Was hat nicht so gut geklappt?" bzw. „Welche Gründe könnte es dafür geben?").

Folgende Fragen könnten in diesem Zusammenhang gestellt werden (evtl. als Auswahl):

- Habt ihr euch gegenseitig geholfen?
- Habt ihr euch gegenseitig ermutigt?
- Habt ihr euch untereinander geeinigt?
- Wie habt ihr eure Aufgabe als Gruppe gelöst?
- Wie war die Stimmung in eurer Gruppe?

KV 82

Name: _____ Datum: _____

Die Brüder Jakob und Wilhelm Grimm
und ihre Märchen (1)

Kennst du die Märchen von Dornröschen, dem Froschkönig oder
Rotkäppchen?
Diese Märchen stammen von den Brüdern Jakob und
Wilhelm Grimm. Die beiden dachten sich diese Märchen
aber nicht selbst aus, sondern sie haben sie sich vor
vielen Jahren von verschiedenen Menschen erzählen lassen
und dann aufgeschrieben. Die beiden sind die berühmtesten
Märchensammler der Welt. Bereits als kleine Kinder bekamen die beiden
Jungen die ersten Märchen bei Besuchen von Verwandten und Freunden
erzählt. Auf diese Weise wurde bei den Brüdern schon früh das Interesse
für die Märchen geweckt.

Quelle: picture-alliance/dpa

Jakob und Wilhelm waren die ältesten von
insgesamt neun Kindern von Dorothea und
Philipp Wilhelm Grimm. Beide wurden in
Hanau bei Frankfurt geboren, Jacob Ludwig
Karl Grimm am 4. Januar 1785 und Wilhelm
Grimm am 24. Februar 1786. Ihre Eltern
waren reich und sie wuchsen in einem
schönen Haus auf, hatten immer ausreichend
zu essen und durften zur Schule gehen. Ihr
Leben änderte sich, als ihr Vater 1796 starb
und die Mutter sie 1798 zu einer Tante nach
Kassel schickte, weil sie dort eine noch
bessere Schule besuchen konnten, als in Hanau. Nachdem sie die Schule
mit dem Abitur abgeschlossen hatten, studierten beide Brüder
Rechtswissenschaften in Marburg bei Kassel. Aber sie wollten gar nicht als
Rechtsanwälte arbeiten, sondern sich viel lieber mit der deutschen
Sprache und der deutschen Literatur beschäftigen. So hatten sie meistens
nur wenig Geld.

KV 83

Station 1: Arbeitsauftrag ☺ ☺

Die Brüder Grimm und ihre Märchen

➢ Lies den Text genau.

➢ Beantworte die Fragen auf dem Arbeitsblatt.

➢ Wenn du fertig bist, kannst du dein Ergebnis mit dem Lösungsblatt kontrollieren.

Station 1: Arbeitsauftrag ☺ ☺

Die Brüder Grimm und ihre Märchen

➢ Lies den Text genau.

➢ Beantworte die Fragen auf dem Arbeitsblatt.

➢ Wenn du fertig bist, kannst du dein Ergebnis mit dem Lösungsblatt kontrollieren.

Station 1: Arbeitsauftrag ☺ ☺

Die Brüder Grimm und ihre Märchen

➢ Lies den Text genau.

➢ Beantworte die Fragen auf dem Arbeitsblatt.

➢ Wenn du fertig bist, kannst du dein Ergebnis mit dem Lösungsblatt kontrollieren.

Name: _____ Datum: _____

Fragen zum Text

Beantworte diese Fragen zum Text über Jakob und
Wilhelm Grimm. Markiere die wichtigen Stellen im Lesetext.

1. Wann und wo wurden die Brüder Grimm geboren?

Jakob: _____

Wilhelm: _____

2. Wie lebten die beiden als sie klein waren? Kreuze an.

☐ Sie lebten mit den Eltern in einer kleinen Hütte und waren sehr arm.

☐ Sie lebten mit den Eltern in einem schönen Haus und durften zur
Schule gehen.

3. Was passierte ...

1796	Die Mutter schickt die Jungen nach Kassel zur Tante.
1808	Der Vater stirbt.
1798	Die Mutter stirbt.

Verbinde die Jahreszahl mit dem richtigen Satz.

**4. Als Jakob 23 Jahre alt ist, muss er für die ganze Familie sorgen.
Deshalb nimmt er eine Stelle als Privatbibliothekar an. Wer gibt ihm
diese Stelle?**

_____

5. Wie hieß das erste Märchenbuch, das 1812 veröffentlicht wurde?

_____

KV 85

Fragen zum Text „Jakob und Wilhelm Grimm"

LÖSUNG

1. Wann und wo wurden die Brüder Grimm geboren?

Jakob: 4. Januar 1785

Wilhelm: 24. Februar 1786

2. Wie lebten die beiden als sie klein waren? Kreuze an.

☐ Sie lebten mit den Eltern in einer kleinen Hütte und waren sehr arm.

☒ Sie lebten mit den Eltern in einem schönen Haus und durften zur Schule gehen.

3. Was passierte ...

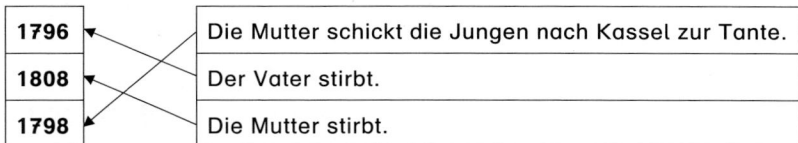

1796	Die Mutter schickt die Jungen nach Kassel zur Tante.
1808	Der Vater stirbt.
1798	Die Mutter stirbt.

Verbinde die Jahreszahl mit dem richtigen Satz.

4. Als Jakob 23 Jahre alt ist, muss er für die ganze Familie sorgen. Deshalb nimmt er eine Stelle als Privatbibliothekar an. Wer gibt ihm diese Stelle?

der westfälische König

5. Wie hieß das erste Märchenbuch, das 1812 veröffentlicht wurde?

Kinder- und Hausmärchen

Fragen 6.– 8.:

→ **Individuelle Lösungen**

© Oldenbourg Schulbuchverlag GmbH, Kompetenzorientiert unterrichten in der Grundschule, Deutsch 3/4

Name: _____   Datum: _____

Station 2: Arbeitsauftrag ☺ ☺

> ## Märchen – Fundevogel

So geht's:

1. Lies den Text genau.
2. Achte auf die Märchenmerkmale und markiere sie farbig.

Es war einmal ein Förster, der ging in den Wald auf die Jagd.
Da hörte er ein Schreien. Er ging dem Schreien nach und kam endlich zu
einem hohen Baum. Darauf saß ein kleines Kind, das hatte ein Raubvogel
seiner Mutter gestohlen und in sein Nest gesetzt. Der Förster stieg hinauf,
holte das Kind herunter und dachte: „Ich will es mit nach Hause nehmen
und mit meinem Lenchen aufziehen. Ich will es Fundevogel nennen, weil es
auf dem Baum gefunden worden war und weil es ein Vogel weggetragen
hatte."
Er brachte es heim und Fundevogel und Lenchen hatten sich sofort lieb.
Wenn ein Kind das andere nicht sah, war es sehr traurig. Der Förster aber
hatte eine alte Köchin, die wollte Fundevogel kochen, wenn der Förster
das nächste Mal auf die Jagd ging. Sie verriet es dem Lenchen.
Das Lenchen lief zu Fundevogel und sprach: „Verlässt du mich nicht,
so verlass ich dich auch nicht." So sprach Fundevogel: „Nun und
nimmermehr."
Da lief Lenchen heimlich mit dem Fundevogel davon, als der Vater am
nächsten Tag auf die Jagd ging.
Als die Köchin merkte, dass die Kinder fort waren, schickte sie drei
Knechte nach, die sollten die Kinder einfangen. Die Kinder saßen am
Waldrand und sahen sie kommen. Da sprach Lenchen zu Fundevogel:
„Verlässt du mich nicht, so verlass ich dich auch nicht."
So sprach Fundevogel: „Nun und nimmermehr."

Rapunzel – So ein Durcheinander

Rapunzel wuchs heran und wurde das schönste Kind unter der Sonne. Ihr langes, prächtiges Haar glänzte wie gesponnenes Gold. Als das Mädchen zwölf Jahre alt wurde, sperrte die Zauberin es in einen hohen Turm, der weder Treppe noch Türe hatte. Nur ganz weit oben gab es ein kleines Fensterchen. Immer wenn die Zauberin hineinwollte, rief sie zum Fenster hinauf: „Rapunzel, Rapunzel, lass dein langes Haar herunter." Sobald Rapunzel die Stimme vernahm, wickelte sie ihr Haar zunächst um einen Fensterhaken und ließ dann ihre langen Zöpfe herabfallen, sodass die Alte daran hinaufsteigen konnte.

B

Es waren einmal ein Mann und eine Frau, bei denen sich nach langem Warten endlich ein Baby ankündigte. Die Leute hatte in ihrem Hinterhaus ein kleines Fenster, daraus konnte man in einen prächtigen Garten sehen, in dem die schönsten Blumen und Kräuter wuchsen. Er war aber von einer hohen Mauer umgeben und niemand wagte hineinzugehen, weil er einer bösen Zauberin gehörte.

Z

Voller Begeisterung aß die Frau den Salat und er schmeckte ihr so gut, dass sie am nächsten Tag dreimal so viel Lust darauf hatte. Der Mann ging also in der Abenddämmerung wieder in den Garten. Als er aber die Mauer herabgeklettert war, erschrak er gewaltig, denn er sah die Zauberin vor sich stehen. „Wie kannst du es wagen", sprach sie mit zornigem Blick, „in meinen Garten zu steigen und meine Rapunzeln zu stehlen?" „Ach bitte, versteht meine Not!", flehte der Mann. „Meine Frau hatte so großen Appetit auf die frischen Rapunzeln, dass sie klagte, sterben zu müssen, wenn sie nichts davon zu essen bekäme." Da ließ der Zorn der Zauberin nach und sie sprach: „Wenn es wirklich so ist, wie du sagst, dann pflücke Rapunzeln, so viele du willst. Nur eine Bedingung stelle ich: Du musst mir das Kind geben, das deine Frau zur Welt bringen wird. Ich will für es sorgen wie eine Mutter."

In seiner Angst versprach der Mann alles und kaum war das Kind geboren, erschien sogleich die Zauberin. Sie gab dem Mädchen den Namen Rapunzel und nahm es mit sich fort.

U

KV 88

Station 3: Arbeitsauftrag ☺ ☺

> **Das Märchen Rapunzel in die richtige Reihenfolge bringen**

So geht's:

1. Lies den Text genau. Achtung, das Märchen ist durcheinander geraten.
2. Schneide den Text auseinander und lege das Märchen in die richtige Reihenfolge.
3. Nummeriere die einzelnen Textteile.
4. Du hast alles richtig, wenn sich aus den Buchstaben in der äußeren Spalte ein Lösungswort ergibt.
5. Klebe nach der Kontrolle die einzelnen Textteile richtig auf ein großes Blatt.

Station 3: Arbeitsauftrag ☺ ☺

> **Das Märchen Rapunzel in die richtige Reihenfolge bringen**

So geht's:

1. Lies den Text genau. Achtung, das Märchen ist durcheinander geraten.
2. Schneide den Text auseinander und lege das Märchen in die richtige Reihenfolge.
3. Nummeriere die einzelnen Textteile.
4. Du hast alles richtig, wenn sich aus den Buchstaben in der äußeren Spalte ein Lösungswort ergibt.
5. Klebe nach der Kontrolle die einzelnen Textteile richtig auf ein großes Blatt.

KV 89

Name: _____   Datum: _____

Dornröschen und Schneewittchen (1)

Es war einmal vor langer Zeit, da lebten eine Königin und ein König, die sich ein Kind wünschten. Sie warteten sehr lange, doch eines Tages geschah es. Die Königin bekam ein Mädchen. Der König war so froh, dass er ein Fest feierte. Dazu wollte er auch die dreizehn Feen des Landes einladen.

Es war einmal eine Königstochter, die hieß Schneewittchen. Als ihre Mutter starb, heiratete ihr Vater eine neue Frau, die sehr stolz auf ihre Schönheit war.

Jeden Tag fragte sie ihren Zauberspiegel:

„Spieglein, Spieglein an der Wand, wer ist die Schönste im ganzen Land?"

Der Spiegel antwortete ihr: „Frau Königin, Ihr seid die Schönste im Land."

Da war die Königin zufrieden.

Da der König aber nur zwölf goldene Teller hatte, wurde eine Fee nicht eingeladen.

Es wurde ein prächtiges Fest. Die zwölf Feen schenkten dem Kind ihre Wundergaben: Reichtum, Schönheit, Klugheit und vieles mehr.

Da trat plötzlich die böse Fee in den Saal, die der König nicht eingeladen hatte.

Die böse Fee rief: „Die Königstochter soll sich in ihrem fünfzehnten Jahr an einer Spindel stechen und tot umfallen!" Alle waren sehr erschrocken.

Die zwölfte Fee, die ihren Wunsch noch nicht gesagt hatte, konnte zwar den bösen Spruch nicht aufheben, aber sie sagte:

„Sie soll nicht sterben, sondern in einen hundertjährigen Schlaf fallen!"

Das Mädchen wuchs heran, wurde schöner und schöner und war lieb und klug.

Alle hatten es gern.

Doch als Schneewittchen älter wurde, antwortete eines Tages der Spiegel auf die Frage: „Frau Königin, Ihr seid die Schönste hier.

Aber Schneewittchen ist tausendmal schöner als Ihr."

Da wurde die Königin sehr wütend und befahl einem Jäger, Schneewittchen zu töten.

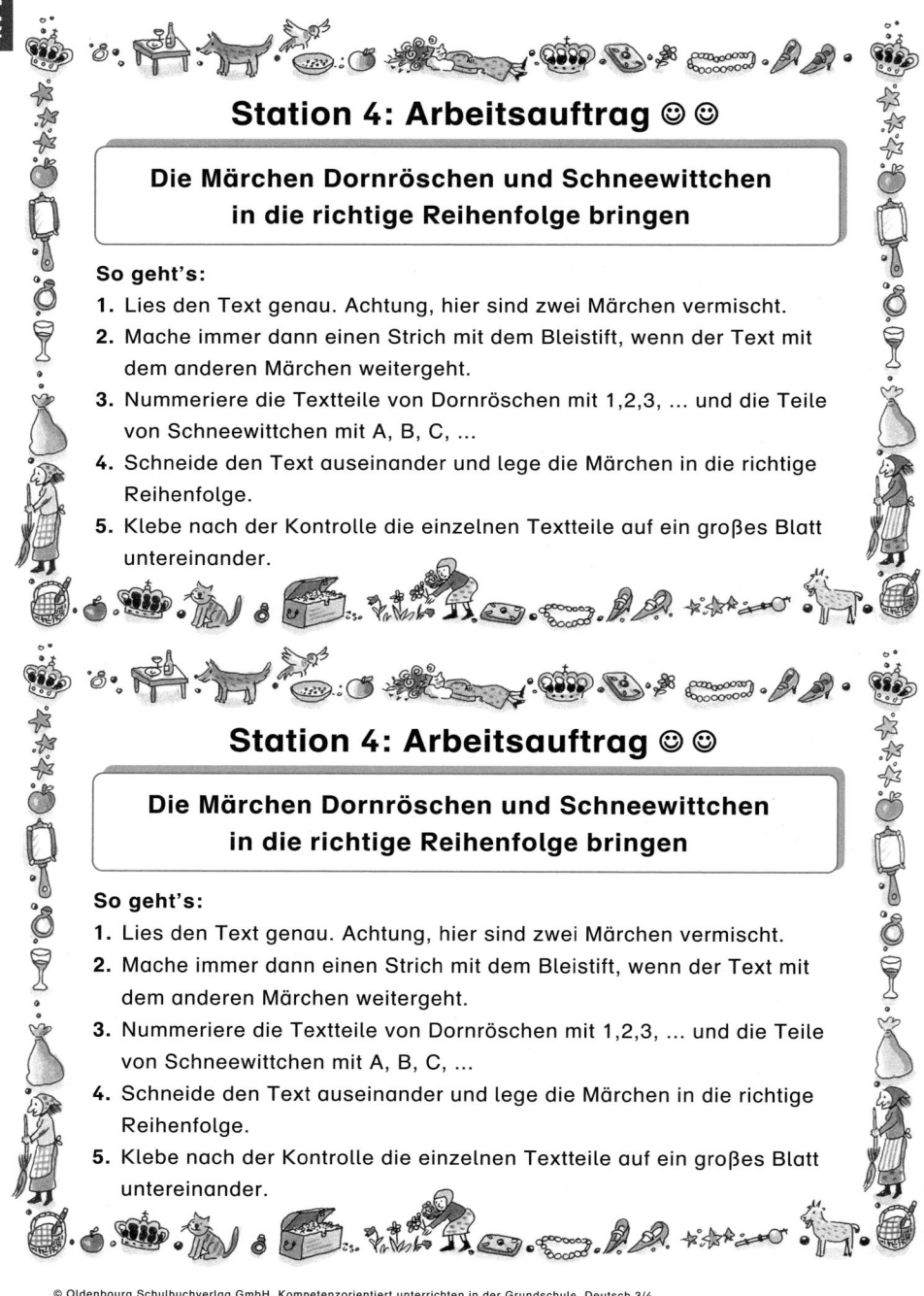

KV 90

Station 4: Arbeitsauftrag ☺ ☺

**Die Märchen Dornröschen und Schneewittchen
in die richtige Reihenfolge bringen**

So geht's:
1. Lies den Text genau. Achtung, hier sind zwei Märchen vermischt.
2. Mache immer dann einen Strich mit dem Bleistift, wenn der Text mit dem anderen Märchen weitergeht.
3. Nummeriere die Textteile von Dornröschen mit 1,2,3, ... und die Teile von Schneewittchen mit A, B, C, ...
4. Schneide den Text auseinander und lege die Märchen in die richtige Reihenfolge.
5. Klebe nach der Kontrolle die einzelnen Textteile auf ein großes Blatt untereinander.

Station 4: Arbeitsauftrag ☺ ☺

**Die Märchen Dornröschen und Schneewittchen
in die richtige Reihenfolge bringen**

So geht's:
1. Lies den Text genau. Achtung, hier sind zwei Märchen vermischt.
2. Mache immer dann einen Strich mit dem Bleistift, wenn der Text mit dem anderen Märchen weitergeht.
3. Nummeriere die Textteile von Dornröschen mit 1,2,3, ... und die Teile von Schneewittchen mit A, B, C, ...
4. Schneide den Text auseinander und lege die Märchen in die richtige Reihenfolge.
5. Klebe nach der Kontrolle die einzelnen Textteile auf ein großes Blatt untereinander.

LÖSUNG: Dornröschen und Schneewittchen

Es war einmal vor langer Zeit, da lebten eine Königin und ein König, die sich ein Kind wünschten. Sie warteten sehr lange, doch eines Tages geschah es. Die Königin bekam ein Mädchen. Der König war so froh, dass er ein Fest feierte. Dazu wollte er auch die dreizehn Feen des Landes einladen.   **1**

Es war einmal eine Königstochter, die hieß Schneewittchen. Als ihre Mutter starb, heiratete ihr Vater eine neue Frau, die sehr stolz auf ihre Schönheit war.
Jeden Tag fragte sie ihren Zauberspiegel:
„Spieglein, Spieglein an der Wand, wer ist die Schönste im ganzen Land?"
Der Spiegel antwortete ihr: „Frau Königin, Ihr seid die Schönste im Land."
Da war die Königin zufrieden.   **A**

Da der König aber nur zwölf goldene Teller hatte, wurde eine Fee nicht eingeladen.
Es wurde ein prächtiges Fest. Die zwölf Feen schenkten dem Kind ihre Wundergaben: Reichtum, Schönheit, Klugheit und vieles mehr.
Da trat plötzlich die böse Fee in den Saal, die der König nicht eingeladen hatte.
Die böse Fee rief: „Die Königstochter soll sich in ihrem fünfzehnten Jahr an einer Spindel stechen und tot umfallen!" Alle waren sehr erschrocken.
Die zwölfte Fee, die ihren Wunsch noch nicht gesagt hatte, konnte zwar den bösen Spruch nicht aufheben, aber sie sagte:
„Sie soll nicht sterben, sondern in einen hundertjährigen Schlaf fallen!"
Das Mädchen wuchs heran, wurde schöner und schöner und war lieb und klug.
Alle hatten es gern.   **2**

Doch als Schneewittchen älter wurde, antwortete eines Tages der Spiegel auf die Frage: „Frau Königin, Ihr seid die Schönste hier.
Aber Schneewittchen ist tausendmal schöner als Ihr."
Da wurde die Königin sehr wütend und befahl einem Jäger, Schneewittchen zu töten.
Der gute Jäger brachte es aber nicht über sein Herz und ließ Schneewittchen laufen. Diese irrte nun durch den Wald und fand plötzlich ein kleines Häuschen. Sie ging hinein, um sich ein wenig auszuruhen. In dem Häuschen war alles klitzeklein: sieben kleine Tellerchen, Löffelchen, Gäbelchen, Messerchen und Becherchen. Schneewittchen aß von jedem Tellerchen und trank aus jedem Becherchen. Danach suchte sie sich ein Bettchen zum Schlafen.   **B**

An seinem fünfzehnten Geburtstag waren die Königin und der König nicht zu Hause. Das Mädchen sah sich im Schloss um und entdeckte in einem Turm einen kleinen Raum. Da saß eine alte Frau und spann Flachs.
„Darf ich auch mal Flachs spinnen?", fragte es und nahm die Spindel in die Hand. Sofort stach es sich in den Finger, fiel auf das Bett und schlief fest ein.   **3**

Als die Herren des Hauses zurückkamen, wunderten sie sich sehr, wer von ihren Tellerchen gegessen hatte. Da entdeckten sie das schlafende

KV 92

Station 5: Märchen schreiben ☺ ☺

Schreibe selbst ein Märchen. Lies zunächst aufmerksam, was beim Schreiben eines Märchens wichtig ist.

Märchenmerkmale

Anfang und Ende: Märchen beginnen meist mit dem Satz „Es war einmal". Der Schlusssatz heißt oft „Und wenn sie nicht gestorben sind, dann leben sie noch heute".

Magische Zahlen: In Märchen kommen häufig die Zahlen 3, 7 und 12 vor.

Gut und Böse: In Märchen gibt es immer die Guten und die Bösen.

Märchenfiguren: In Märchen tauchen bestimmte Personen immer wieder auf, z.B.: Hexe, Prinzessin, Prinz, Jäger, Zauberer, ...

sprechende Tiere: In Märchen können Tiere oft sprechen, z.B.: der Wolf, der Esel, die Katze, der Hund, ...

Macht euch jetzt ein paar Notizen:

Welche Märchenfiguren spielen in eurem Märchen mit?	
Wer ist die oder der Gute, wer die oder der Böse?	
Was macht die oder der Böse mit der oder dem Guten?	
Welche magischen Zahlen sollen vorkommen?	
Wo soll das Märchen spielen?	
Was passiert zum Schluss mit dem Bösen?	

Denkt an den märchenhaften Einleitungs- und Schlusssatz und an eine passende Überschrift (Name für euer Märchen).

Viel Spaß!

Name: _____   Datum: _____

Station 6: Ein Märchen-Akrostichon schreiben ☺ ☺

Du hast drei verschiedene Möglichkeiten dieses Märchen-Akrostichon zu schreiben.

a) Schreibe zu jedem Buchstaben ein märchenhaftes Wort.   **oder**

b) Schreibe zu jedem Buchstaben einen märchenhaften Satz.   **oder**

c) Schreibe ein ganzes Märchen. Beginne den jeweiligen Satz mit dem vorgegebenen Satzanfang.

Es war einmal …

P _____

R _____

I _____

N _____

Z _____

E _____

S _____

S _____

I _____

N _____

KV 94

☺☺+☺☺ Lernaufgabe zu Station 1

**Ein Plakat zum Leben und der Arbeit
der Brüder Grimm anfertigen**

So geht's:

1. Schreibt das Thema in großen Buchstaben mit einem dicken, schwarzen Filzstift oben auf das Plakat.

2. Schreibt alles, was ihr über das Leben der Brüder Grimm gelernt habt, zunächst auf Papierstreifen.

3. Schneidet Bilder aus dem Text aus.

4. Legt zuerst alles auf das Plakat, bevor ihr es aufklebt.

Tipps:

➢ Schreibt immer mit Filzstift und so groß, dass man es gut lesen kann.

➢ Malt die Bilder aus oder malt selbst weitere Bilder dazu.

➢ Überprüft, ob man alles auf eurem Plakat gut sehen kann.

Quelle: picture-alliance/dpa.

KV 95

☺☺ + ☺☺ Lernaufgabe zu Station 2

Ein Cluster für Märchenmerkmale erstellen

Mit einem Cluster kannst du wichtige Dinge übersichtlich aufschreiben.

So geht's:

1. Schreibe „Märchenmerkmale" mit schwarzem Filzstift in die Mitte des Plakats und kreise das Wort ein.

2. Schreibe alle Merkmale eines Märchens, die dir einfallen, um das Thema herum.

3. Kreise nun auch die einzelnen Merkmale ein.

4. Verbinde alle eingekreisten Merkmale mit Strichen mit dem Thema in der Mitte.

Tipp:

➢ Schreibe immer mit Filzstift und so groß, dass man es gut lesen kann.

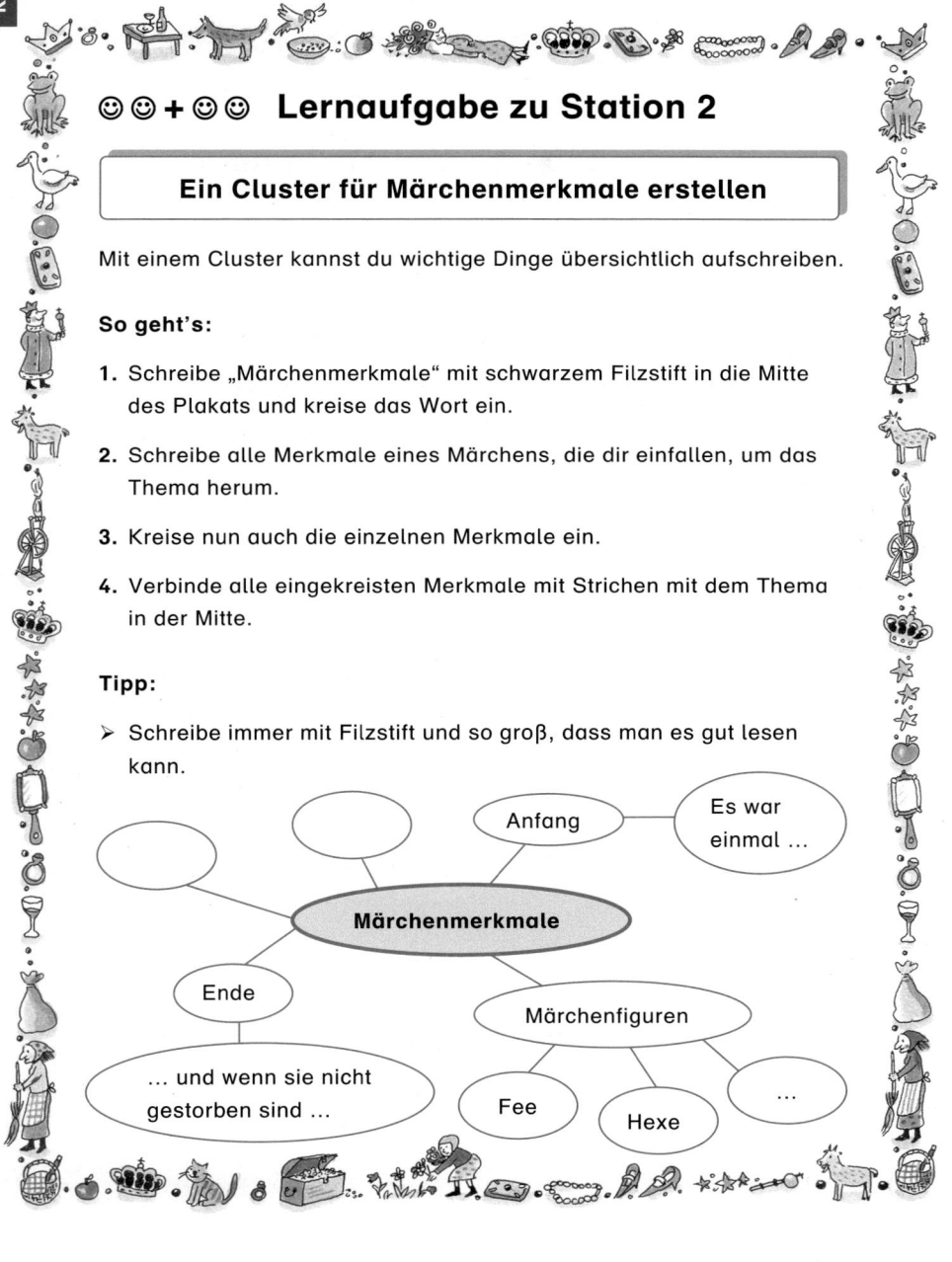

KV 96

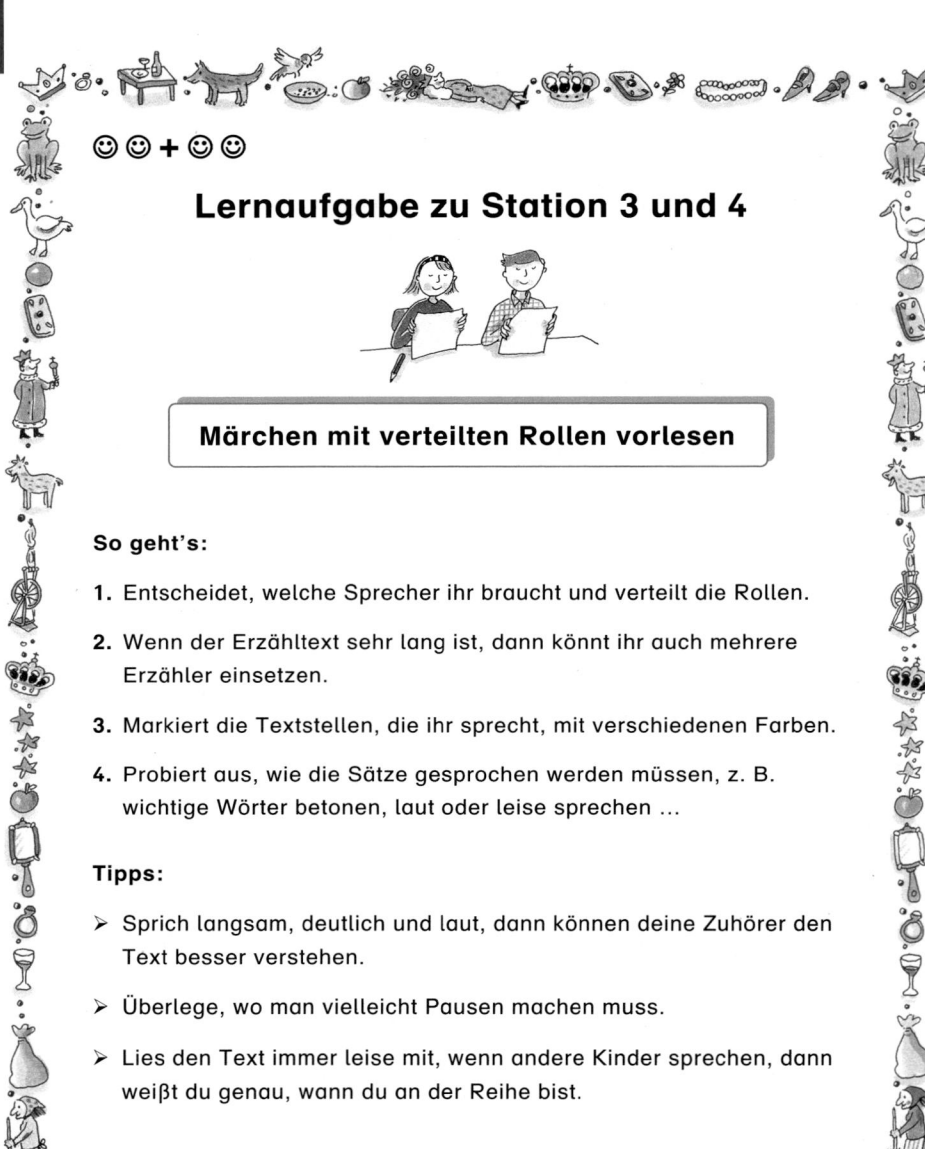

Lernaufgabe zu Station 3 und 4

Märchen mit verteilten Rollen vorlesen

So geht's:

1. Entscheidet, welche Sprecher ihr braucht und verteilt die Rollen.

2. Wenn der Erzähltext sehr lang ist, dann könnt ihr auch mehrere Erzähler einsetzen.

3. Markiert die Textstellen, die ihr sprecht, mit verschiedenen Farben.

4. Probiert aus, wie die Sätze gesprochen werden müssen, z. B. wichtige Wörter betonen, laut oder leise sprechen …

Tipps:

➢ Sprich langsam, deutlich und laut, dann können deine Zuhörer den Text besser verstehen.

➢ Überlege, wo man vielleicht Pausen machen muss.

➢ Lies den Text immer leise mit, wenn andere Kinder sprechen, dann weißt du genau, wann du an der Reihe bist.

KV 97

☺☺ + ☺☺

Lernaufgabe zu Station 5 und 6

> ## Selbst geschriebene Märchen vorlesen
> ## und auf Merkmale überprüfen

So geht's:

1. Lest noch einmal in euren Zweierteams das Arbeitsblatt mit den Märchenmerkmalen.

2. Zuerst liest das eine Team, dann das andere Team ihr Märchen vor.

3. Das Team, das zuhört, hakt auf dem Arbeitsblatt während oder nach dem Vorlesen des Textes ab, welche Merkmale im Märchen vorkamen.

4. Lobt euch gegenseitig für eure Ideen und weist euch auch auf fehlende Merkmale hin.

Tipps:

➢ Lies langsam und deutlich vor, dann können deine Zuhörer den Text besser verstehen.

➢ Konzentriere dich ganz auf das Zuhören, damit du überprüfen kannst, ob alle Merkmale vorhanden sind.

Name: _____ Datum: _____

Schreibe auf, was du gearbeitet und gelernt hast.

1. Die Lernaufgabe habe ich

☐ selbst ausgewählt.

☐ von meiner Lehrerin bekommen.

2. In der Lernaufgabe ging es heute darum, dass …

_____

_____

_____

3. Das habe ich heute gelernt:

_____

_____

_____

4. Ich habe die Lernaufgabe

☐ ganz leicht bearbeiten können.

☐ gut bearbeiten können.

☐ nur teilweise bearbeitet und verstanden.

☐ nicht verstanden.

Begründe:

_____

_____

KV 99

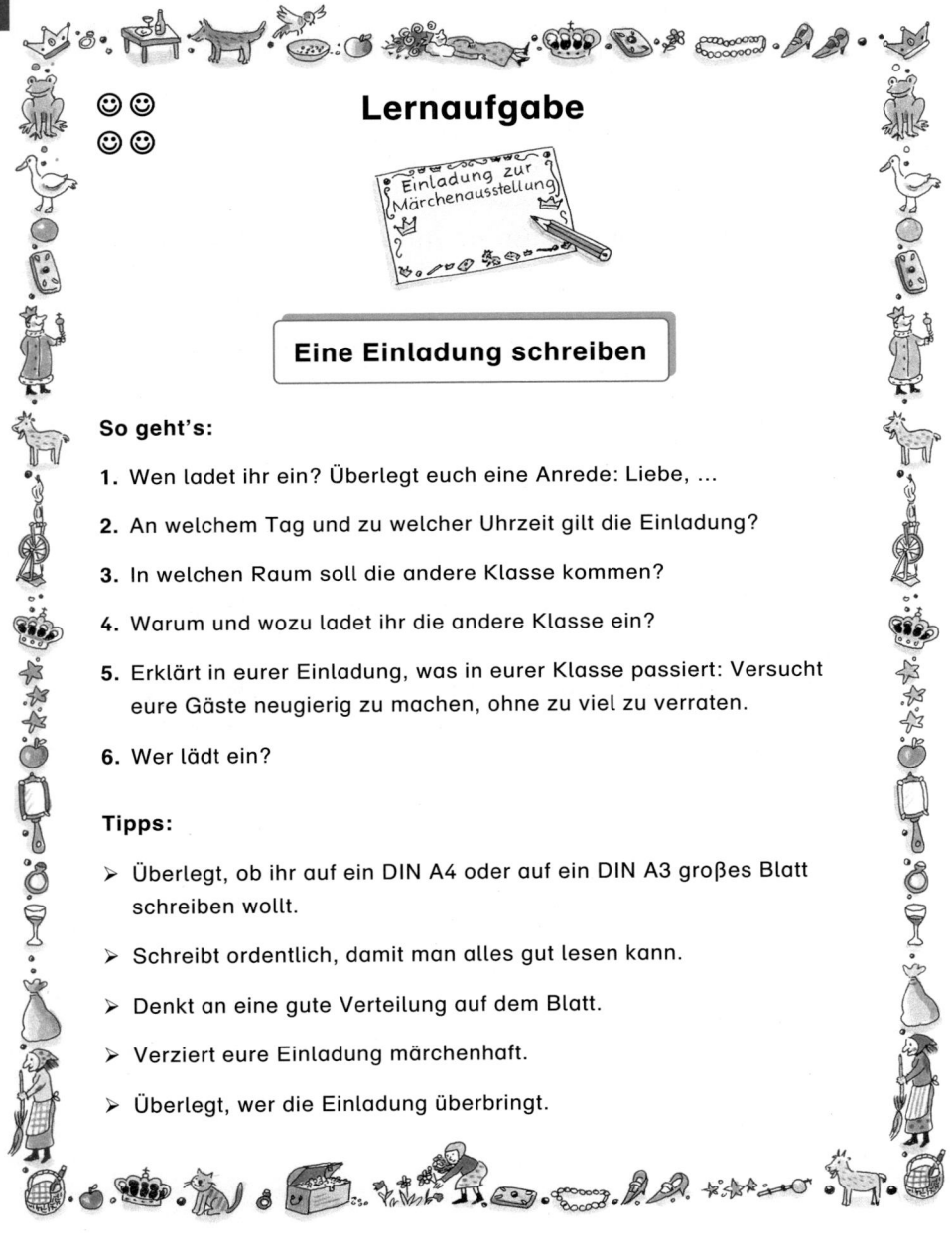

Lernaufgabe

Einladung zur Märchenausstellung

Eine Einladung schreiben

So geht's:

1. Wen ladet ihr ein? Überlegt euch eine Anrede: Liebe, ...

2. An welchem Tag und zu welcher Uhrzeit gilt die Einladung?

3. In welchen Raum soll die andere Klasse kommen?

4. Warum und wozu ladet ihr die andere Klasse ein?

5. Erklärt in eurer Einladung, was in eurer Klasse passiert: Versucht eure Gäste neugierig zu machen, ohne zu viel zu verraten.

6. Wer lädt ein?

Tipps:

➢ Überlegt, ob ihr auf ein DIN A4 oder auf ein DIN A3 großes Blatt schreiben wollt.

➢ Schreibt ordentlich, damit man alles gut lesen kann.

➢ Denkt an eine gute Verteilung auf dem Blatt.

➢ Verziert eure Einladung märchenhaft.

➢ Überlegt, wer die Einladung überbringt.

KV 100

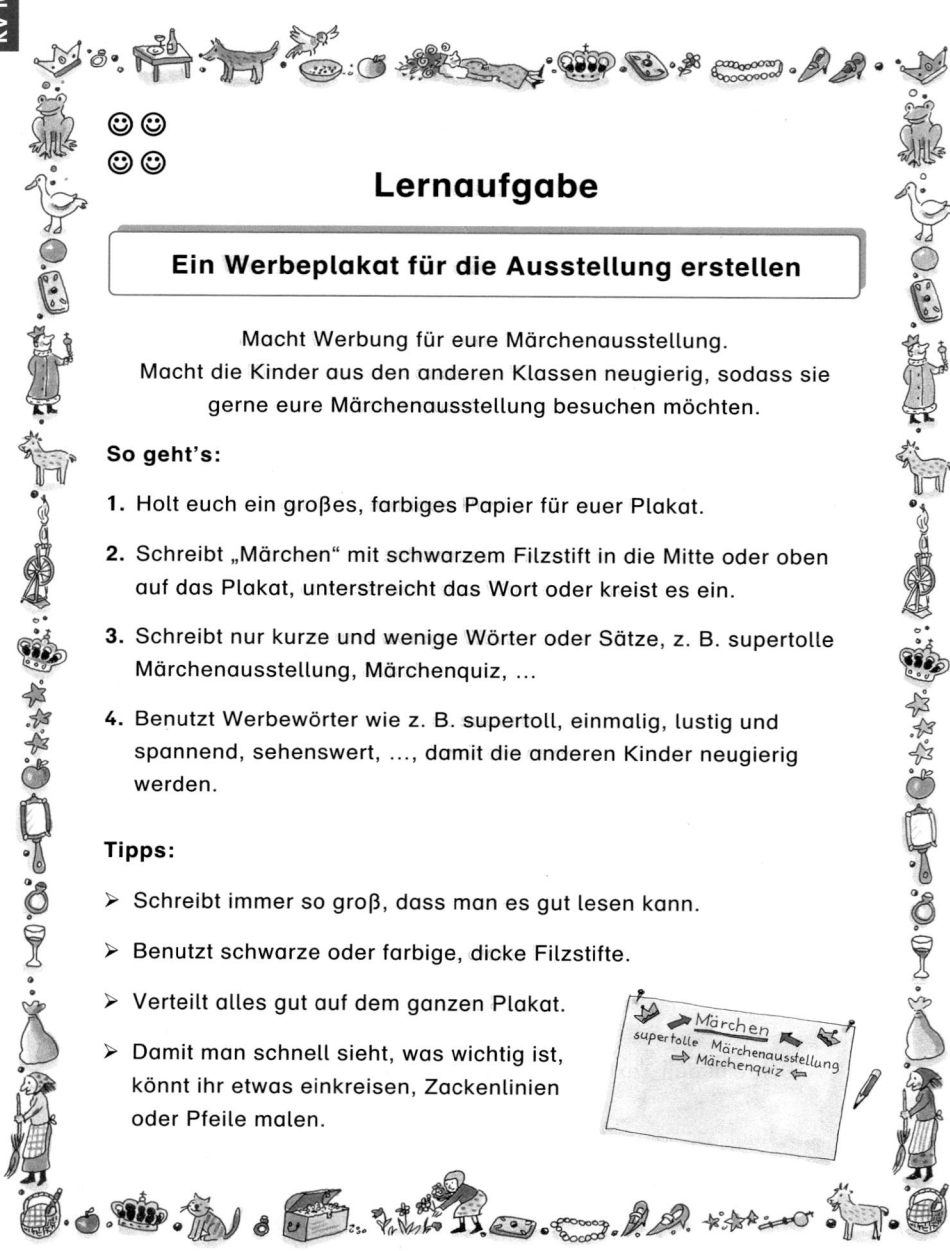

Lernaufgabe

Ein Werbeplakat für die Ausstellung erstellen

Macht Werbung für eure Märchenausstellung.
Macht die Kinder aus den anderen Klassen neugierig, sodass sie
gerne eure Märchenausstellung besuchen möchten.

So geht's:

1. Holt euch ein großes, farbiges Papier für euer Plakat.

2. Schreibt „Märchen" mit schwarzem Filzstift in die Mitte oder oben
   auf das Plakat, unterstreicht das Wort oder kreist es ein.

3. Schreibt nur kurze und wenige Wörter oder Sätze, z. B. supertolle
   Märchenausstellung, Märchenquiz, …

4. Benutzt Werbewörter wie z. B. supertoll, einmalig, lustig und
   spannend, sehenswert, …, damit die anderen Kinder neugierig
   werden.

Tipps:

➢ Schreibt immer so groß, dass man es gut lesen kann.

➢ Benutzt schwarze oder farbige, dicke Filzstifte.

➢ Verteilt alles gut auf dem ganzen Plakat.

➢ Damit man schnell sieht, was wichtig ist,
   könnt ihr etwas einkreisen, Zackenlinien
   oder Pfeile malen.

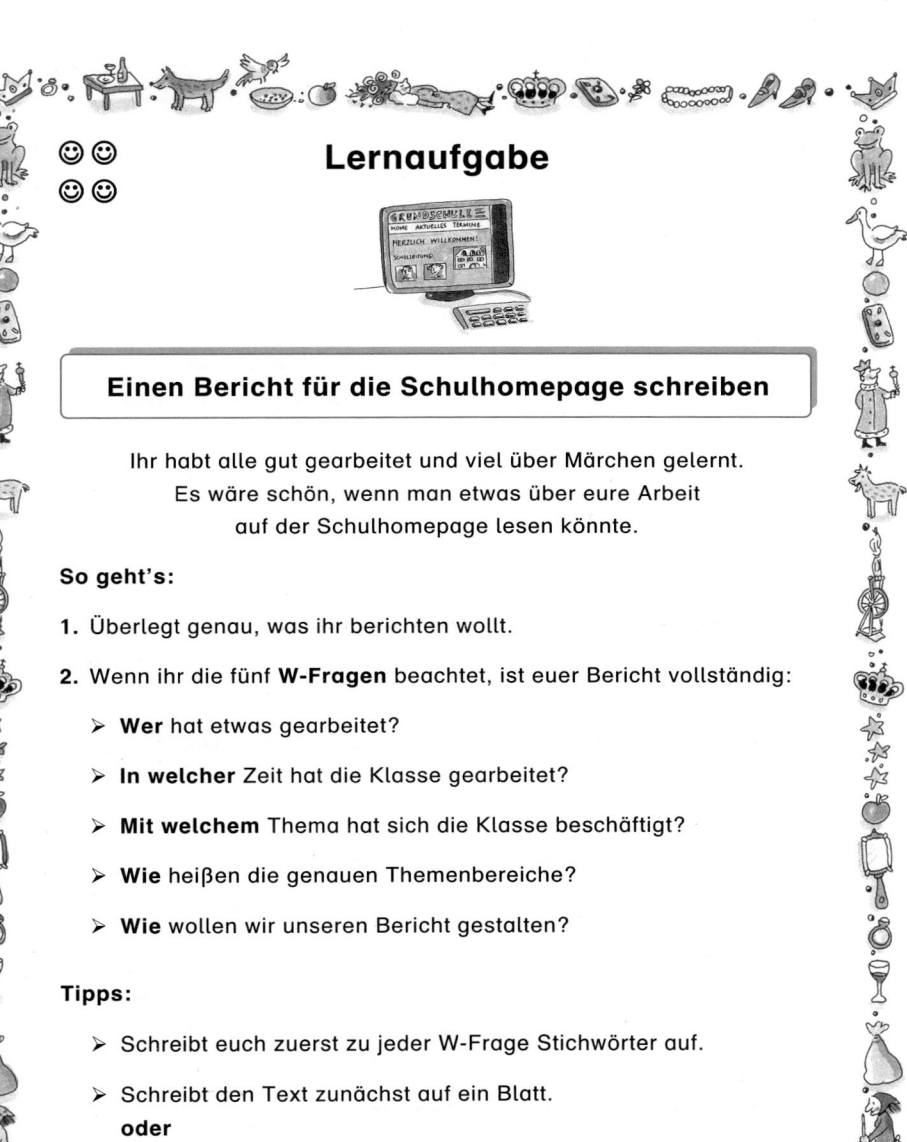

Lernaufgabe

Einen Bericht für die Schulhomepage schreiben

Ihr habt alle gut gearbeitet und viel über Märchen gelernt.
Es wäre schön, wenn man etwas über eure Arbeit
auf der Schulhomepage lesen könnte.

So geht's:

1. Überlegt genau, was ihr berichten wollt.

2. Wenn ihr die fünf **W-Fragen** beachtet, ist euer Bericht vollständig:

   ➢ **Wer** hat etwas gearbeitet?

   ➢ **In welcher** Zeit hat die Klasse gearbeitet?

   ➢ **Mit welchem** Thema hat sich die Klasse beschäftigt?

   ➢ **Wie** heißen die genauen Themenbereiche?

   ➢ **Wie** wollen wir unseren Bericht gestalten?

Tipps:

   ➢ Schreibt euch zuerst zu jeder W-Frage Stichwörter auf.

   ➢ Schreibt den Text zunächst auf ein Blatt.
   oder
   ➢ Schreibt direkt am Computer.

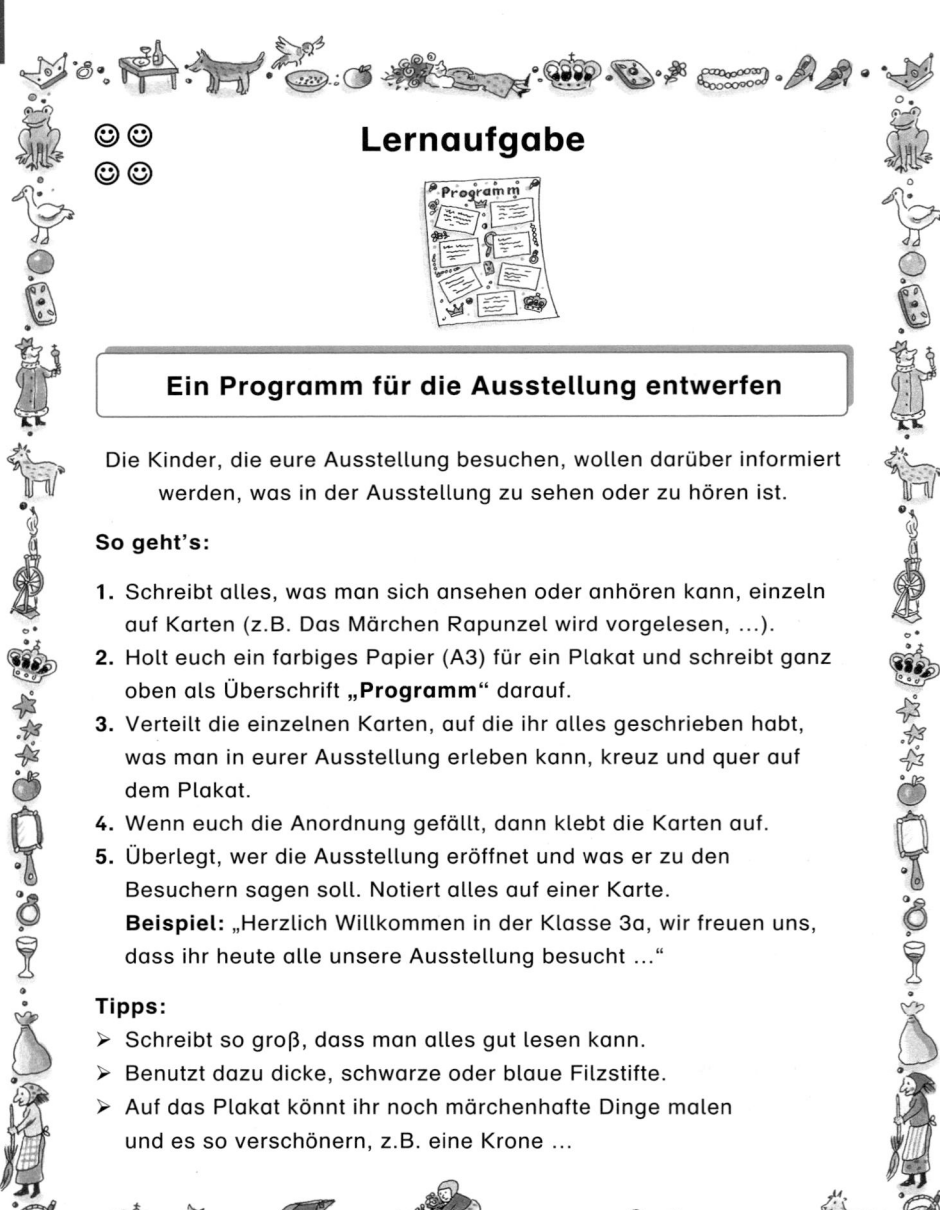

KV 102

Lernaufgabe

Ein Programm für die Ausstellung entwerfen

Die Kinder, die eure Ausstellung besuchen, wollen darüber informiert werden, was in der Ausstellung zu sehen oder zu hören ist.

So geht's:

1. Schreibt alles, was man sich ansehen oder anhören kann, einzeln auf Karten (z.B. Das Märchen Rapunzel wird vorgelesen, …).
2. Holt euch ein farbiges Papier (A3) für ein Plakat und schreibt ganz oben als Überschrift **„Programm"** darauf.
3. Verteilt die einzelnen Karten, auf die ihr alles geschrieben habt, was man in eurer Ausstellung erleben kann, kreuz und quer auf dem Plakat.
4. Wenn euch die Anordnung gefällt, dann klebt die Karten auf.
5. Überlegt, wer die Ausstellung eröffnet und was er zu den Besuchern sagen soll. Notiert alles auf einer Karte.
   Beispiel: „Herzlich Willkommen in der Klasse 3a, wir freuen uns, dass ihr heute alle unsere Ausstellung besucht …"

Tipps:

➢ Schreibt so groß, dass man alles gut lesen kann.
➢ Benutzt dazu dicke, schwarze oder blaue Filzstifte.
➢ Auf das Plakat könnt ihr noch märchenhafte Dinge malen und es so verschönern, z.B. eine Krone …

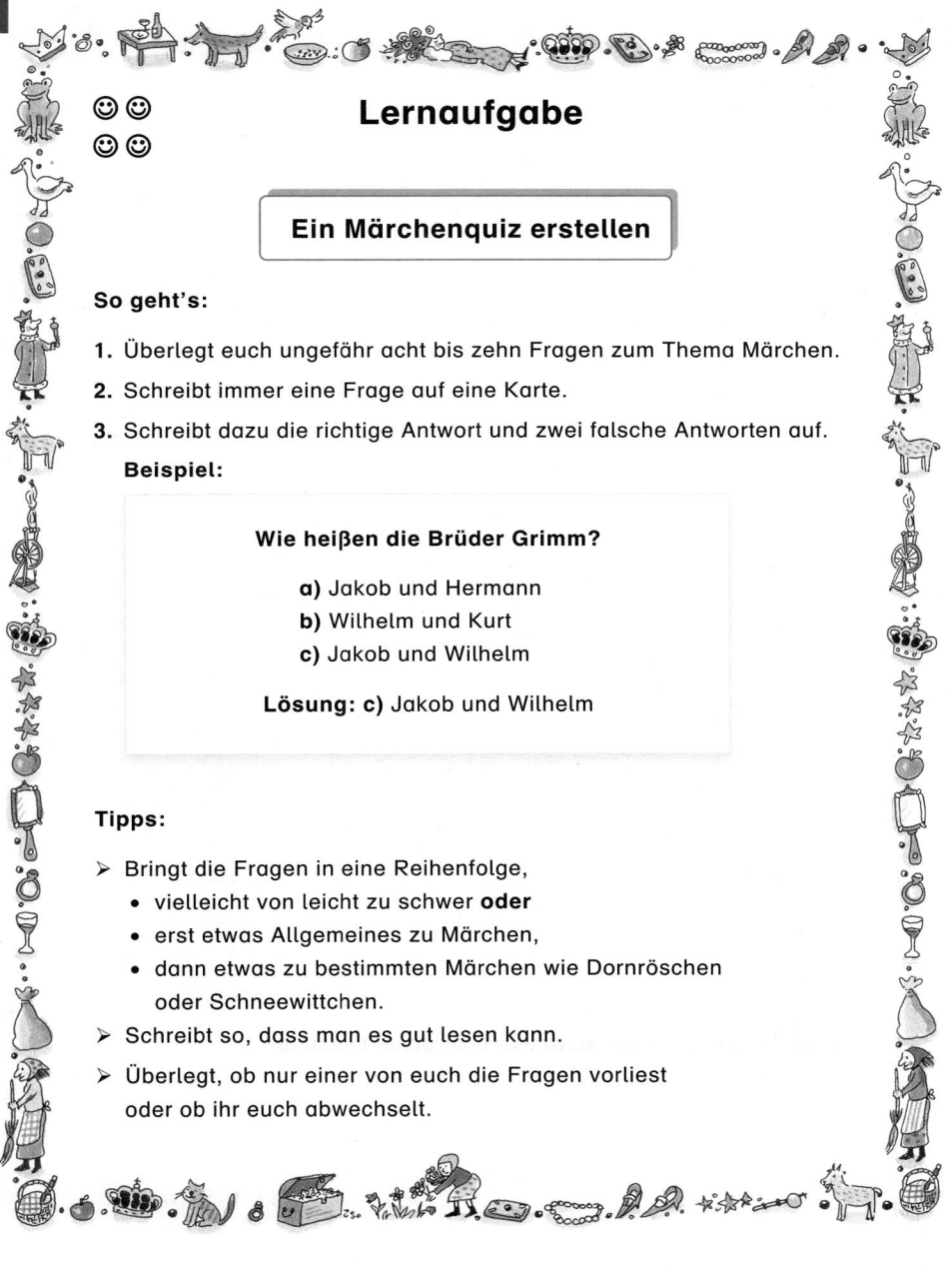

Lernaufgabe

Ein Märchenquiz erstellen

So geht's:

1. Überlegt euch ungefähr acht bis zehn Fragen zum Thema Märchen.

2. Schreibt immer eine Frage auf eine Karte.

3. Schreibt dazu die richtige Antwort und zwei falsche Antworten auf.

   Beispiel:

   Wie heißen die Brüder Grimm?

   a) Jakob und Hermann
   b) Wilhelm und Kurt
   c) Jakob und Wilhelm

   Lösung: c) Jakob und Wilhelm

Tipps:

➢ Bringt die Fragen in eine Reihenfolge,
   - vielleicht von leicht zu schwer **oder**
   - erst etwas Allgemeines zu Märchen,
   - dann etwas zu bestimmten Märchen wie Dornröschen
     oder Schneewittchen.
➢ Schreibt so, dass man es gut lesen kann.
➢ Überlegt, ob nur einer von euch die Fragen vorliest
   oder ob ihr euch abwechselt.

Lernaufgabe

Eine märchenhafte Dekoration herstellen

Für die Ausstellung soll euer Klassenraum märchenhaft geschmückt sein. Dazu malt ihr Bilder und bastelt etwas, das zum Thema Märchen passt.

So geht's:

1. Einigt euch auf verschiedene Märchenfiguren oder Dinge, die in Märchen vorkommen.
   - König, Prinzessin, …
   - Krone, Edelsteine, Zwergenmütze, …

2. Malt nicht zu viele Kleinigkeiten, denn ihr sollt viele Dinge zum Schmücken herstellen.

3. Benutzt dazu die bereitgestellten Materialien.

Tipps:

➤ Bastelt etwas für die Dekoration des Fensters, eine Girlande oder Märchenfiguren als Aufsteller.

➤ Malt Bilder, die zu Märchen passen und hängt sie im Klassenzimmer auf.

➤ Verschönert eure Tafel mit einem märchenhaften Bild.

Literaturverzeichnis

Albermann, Hildegard / Kresse, Tina u. a. (2011): Fips & Co – Lesebuch 4. Lehrermaterial. Oldenbourg Schulbuchverlag, München.

Aßmann, Konstanze (2012): Methodenprofi. Kooperatives Lernen. Finken Verlag, Oberursel.

Bochmann, Reinhard / Kirchmann, Ruth (2006): Kooperatives Lernen in der Grundschule. Neue Deutsche Schule Verlagsgesellschaft, Essen.

Bochmann, Reinhard / Kirchmann, Ruth (2008): Kooperativer Unterricht in der Grundschule. Neue Deutsche Schule Verlagsgesellschaft, Essen.

Bremerich-Vos, Albrecht / Granzer, Dietlinde / Behrens, Ulrike / Köller, Olaf (Hrsg.) (2011): Bildungsstandards für die Grundschule: Deutsch konkret. 3. Auflage. Cornelsen Verlag, Berlin.

Drieschner, Elmar (2009): Bildungsstandards praktisch. VS Verlag für Sozialwissenschaften, Wiesbaden.

Kurhofer, Dirk (2000): Natürliche Differenzierung im Mathematikunterricht. [ONLINE] verfügbar unter: http://www.szacknys-kurhofer.de/differenzierung.html [eingesehen am 03.09.2013].

Landesinstitut für Schule / Qualitätsagentur Nordrhein-Westfalen (2005): Standortorientierte Unterrichtsentwicklung. Moderatorenmanual Deutsch. Modul 2: Aufgaben konstruieren. [ONLINE] verfügbar unter: http://www.standardsicherung.schulministerium.nrw.de/cms/upload/ue-deutsch/docs/modul_2/mod2_teil1.pdf [eingesehen am 03.09.2013].

Lernende Schule (2012): Kompetenzorientiert lernen und lehren. Heft 58 /2012. Friedrich Verlag, Seelze.

Leisen, Josef (2010): Sachtexte im Grundschulunterricht lesen – aber wie? In: Grundschulunterricht Deutsch. Heft 2/2010, S. 4–7. Oldenbourg Schulbuchverlag, München.

Meyer, Hilbert (2007): Leitfaden Unterrichtsvorbereitung. Cornelsen Scriptor, Berlin.

Ministerium für Schule und Weiterbildung des Landes Nordrhein-Westfalen: Kompetenzorientierter Unterricht im Fach Deutsch. [ONLINE] verfügbar unter: www.standardsicherung.schulministerium.nrw.de/cms/kompass/kompetenzorientierter-unterricht-deutsch/ [eingesehen am 03.09.2013].

Ministerium für Schule und Weiterbildung des Landes Nordrhein-Westfalen: Lernarrangements. [ONLINE] verfügbar unter: www.standardsicherung.schulministerium.nrw.de/cms/kompass/kompetenzorientierter-unterricht-deutsch/lernarrangements [eingesehen am 03.09.2013].

Schecker, Horst (2011): Lernarrangements. Zur Klärung eines Begriffs. [ONLINE] verfügbar unter: www.idn.uni-bremen.de/komdif/Modellkompetenz/Lernarrangements_Handout.pdf [eingesehen am 03.09.2013].

Schule im Aufbruch: Kompass: 9. Arbeitsstrukturen. [ONLINE] verfügbar unter: http://blog.schule-im-aufbruch.de/kompass/kapitel-9/ [eingesehen am 03.09.2013].

Sekretariat der Ständigen Konferenz der Kultusminister der Länder in der Bundesrepublik Deutschland (Hrsg.) (2005): Beschlüsse der Kultusministerkonferenz: Bildungsstandards im Fach Deutsch für den Primarbereich. Beschluss vom 15.10.2004. Luchterhand Verlag, München.

Sekretariat der Ständigen Konferenz der Kultusminister der Länder in der Bundesrepublik Deutschland (Hrsg.) (2010): Konzeption der Kultusministerkonferenz zur Nutzung der Bildungsstandards für die Unterrichtsentwicklung. Carl Link Verlag, Köln.

Spitzer, Manfred (2002): Lernen. Gehirnforschung und die Schule des Lebens. Wissenschaftliche Buchgesellschaft, Darmstadt.

Weidner, Margit (2005): Sozialziele-Katalog. Ein Lehrgang zur Steigerung von Sozialkompetenz. Selbstverlag. [ONLINE] beziehbar über: www.soziale-kinder-lernen-besser.de [eingesehen am 03.09.2013].

Weinert, Franz E. (Hrsg) (2001): Leistungsmessungen in Schulen. Beltz Verlag, Weinheim und Basel.

Ziener, Gerhard (2010): Bildungsstandards in der Praxis kompetenzorientiert unterrichten. 2. Auflage. Kallmeyer, Seelze.

Inhaltsverzeichnis zur CD-ROM

Kompetenzorientiert unterrichten in der Grundschule, Deutsch 3/4

Systemvoraussetzungen zur Nutzung der CD-ROM:

▷ Adobe Acrobat Reader
▷ Microsoft Word
▷ Windows-PC mit CD-ROM-Laufwerk
▷ Apple Macintosh mit CD-ROM-Laufwerk
▷ Mac OSX

Diese CD-ROM hat uns viel Arbeit bereitet, damit Sie Ihnen Arbeit erspart. Bitte beachten Sie deshalb, dass diese CD-ROM in Einzellizenz vertrieben wird und verzichten Sie auch in Anbetracht des günstigen Preises auf illegale Weitergabe und Kopien (auch von Teilen) auf andere Datenträger. Davon ausgenommen sind selbstverständlich die Vorlagen für den Unterrichtseinsatz.

Die veränderbaren Dateien sind in Microsoft Word 2007 auf Windows 7 erstellt.

Um die Zusatzmaterialien zu verändern oder eigene Arbeitsblätter erstellen zu können, kopieren Sie die entsprechenden Ordner / Dateien von der CD-ROM auf Ihre Festplatte.

Es wurden folgende Systemschriften verwendet:
Arial, Comic Sans, Times New Roman, Symbol